監修
梅原 猛

新版
古寺巡礼 京都―6

醍醐寺

醍醐寺 座主
麻生 文雄

小説家
永井 路子

淡交社

新版 古寺巡礼 京都 6

醍醐寺

目次

凡例

一、各宝物の解説に付したデータは原則として、名称、指定（重要文化財は重文と略）、時代、材質形状、法量（センチメートル）、所蔵者の順で記載した。

一、各宝物の名称は、収録寺院での呼称に統一した。

一、国宝や重要文化財の附（つけたり）には、附・国宝、附・重文と表記した。

一、法量は、「国宝・重要文化財大全」（文化庁監修、毎日新聞社刊）の数値を参考にした。

巻頭エッセイ

花の寺、水の寺に歴史を重ねて

小説家
永井路子

盛りはすでに過ぎていたのに、総門をくぐったら、薄紅《うすべに》色の葩《はなびら》がまつわりついてきた。肩にも背にも爪先《つまさき》にも——。二度とは梢《こずえ》に戻れない葩たちの、やさしい別れの挨拶なのか。華麗な絵巻に似た満開の折を避けて来てよかった、と思うのはこんなときである。

醍醐寺は花の寺——。誰しも知るところで、総門を入ってすぐの三宝院《さんぼういん》の大玄関前の大木は推定樹齢百五十年、奥村土牛《おくむらとぎゅう》画伯の名作「醍醐」に描かれたのは、一九六〇年代から七〇年にかけてのこと。画伯は数日間スケッチしつづけたというから、花の心に魂を吸いとられての制作だったのだろう。

秋の日、桜の並木（桜の馬場）を過ぎて仁王門をくぐり砂利道を歩いて右に曲がると、なつかしい音が響いてきた。道端《みちばた》のささやかな溝を流れるせせらぎの音だ。溝の底まで見える透明な、かけがえのない清冽《せいれつ》さに、

——ああ、生きていてくれた。

との思いを深くする。都会の溝は濁り、多くは蓋をされてその姿は忘れられているが、ここの流れは、さわやかに生きている。

醍醐は水の寺。開祖理源大師が山中に霊地を探しているとき、ふしぎな老人にめぐりあい、湧き水を教えられたという伝説は有名だが、まさしく水は人の生命《いのち》の源《みなもと》。そこに「醍醐」と名づけ

られた寺の起源もあるのだが、この小さな流れも、忘れずに生命の歌を口ずさんでいる。

やがて塔の姿が見えてきた。九五一年（天暦五年《てんりゃく》）の落成といわれ、京都で最も古い五重塔である。均整のとれた、ゆるやかな屋根のうねり、蒼空《あおぞら》にくっきりと描かれた九輪《くりん》・水煙《すいえん》、そしてその先端は、無限の世界をめざして飛翔する魂の行方を指ししめすかのようだ。そして、足許には千年余の時間を踏まえてきたもののみの持つ静謐《せいひつ》な確かさがある。かつて塔の近くまで災禍は迫ってきた。永仁・文明年間の二回、金堂（当時は釈迦堂）は焼失しているのに、稀有《けう》にして塔は命を保った。

ともあれ、理源大師聖宝《しょうぼう》が背後の山中に小庵を営んだのは八七四年（貞観《じょうがん》十六年）、その後山上に数々の伽藍が建立され、さらに十世紀半ばまでには麓《ふもと》にも五重塔はじめ諸堂が造られた。今は山上を上醍醐《かみだいご》、麓を下醍醐《しもだいご》と呼んでいるが、寺の歴史をみつめなおすには、やはり山上への道を辿らなければならないだろう。

醍醐寺を訪れるとき、私は山科《やましな》からの道を行く。勧修寺、随心院を過ぎると、醍醐寺はもうすぐで、左手になだらかな山脈《やまなみ》が見えてくる。その中に上醍醐の諸伽藍はある。空海の高野山、最澄の比叡山に見るように、空海の孫弟子聖宝も、祈りの地を山中に求めたのだ。しかし比叡も高野も山容が大きすぎ、伽藍はその中に嵌《は》めこまれている感じだが、醍醐の山は、山脈がやさしく、山そのものが寺、そして寺そのものが山、という思いを抱かせる。醍醐はまさに山の寺なのだ。

御縁があって、この寺に訪れるようになってから半世紀以上の歳月を経ている。若いころは、何度か上醍醐にも登った。山頂まで三十六丁ということになっているが、実際は二十余丁なのだそうである。登っていくと、秀吉が花見をした千畳敷《せんじょうじき》とも呼ばれる平坦地《へいたんち》に出た。ちょうどひと息いれるのに最適な休み場である。さらに十丁、十二丁、と道標《みちしるべ》を数えながら行く。じつはこの一丁の距離が下の方は長く、上に行くほど短いのだそうで、登って行く人々への思いやりが窺えてほほえましい。疲れてきたとき、

「ほら、仏さまの世界はもうすぐだ」

と道標が励ましてくれているようにも思える。

山登りだけでなく、御好意に甘えて泊めていただいたことも度々ある。その中での最高の贅沢は、夜の三宝院庭園を、そっと見せていただいたことだろうか。

雲は月の光を含んでいた。この庭園が秀吉の構想で整備されたことは周知のことだし、それまでも何回か四季の姿は見ているのだが、その夜、庭は全く違う風貌を示していた。

陽光の下では樹々は毅然として石を抱え、堂々たる存在感を主張していたが、いまや静寂の中に黒々と蹲《うずくま》り、彼らを従えた石たちが、鮮かに屹立《きつりつ》していた。石は光ってはいない。燻《いぶ》し銀《ぎん》にさら

に紗《しゃ》をかけて、底にひそめた無色の色――。石とはこういうものだったのか。その問いに答えて奏でる彼らの無言のシンフォニー。醍醐はまた、石の寺なのである。

醍醐は歴史の巨人である。あるときは世の中をひきずり廻し、掻き乱し、動顚《どうてん》させた。とりわけ激動の十四世紀、南北朝動乱の原動力となったのは、まさにこの寺なのだ。

おや、この時期の主役は後醍醐天皇や楠木正成《くすのきまさしげ》では？　と思われるかもしれない。たしかに後醍醐は主役の大スター。正成は脇役。息づまる舞台をくりひろげてはくれるが、しかし芝居はプロデューサー、演出家がいて初めて成りたつ。その役を一手にひきうけているのが、じつは醍醐寺なのである。

小むずかしくいえば寺社勢力。以前は比叡山延暦寺が中心だったが、このころは地盤沈下して醍醐寺に取って代られている。

聖宝が寺を創《はじ》めて以来数百年、醍醐には多くの貴族が僧として入寺し、天皇家とも密接な関係を保ちつつ強大になっていった。下醍醐には彼らによって院家《いんげ》と呼ばれる寺院が次々に造られた。さきに触れた三宝院もその一つだが、ここに院主（師僧）を中心に弟子たちが集まり、それぞれの院家が成立する。「醍醐寺」はその総称で、そのトップである座主《ざす》は、有力院家の院主が選ばれる。院家それぞれが財力も豊かで、総力をあげて、すさまじいトップ争いがくりかえされた。

仏弟子たちがなんとあさましい、と思うより、この時代の歴史をまずみつめる必要がある。ある学者が、大分裂の時代と呼んだが、まさに天皇家も大覚寺統《だいかくじとう》、持明院統《じみょういんとう》に別れて皇位を争ったし、武士社会内部も分裂抗争を続けており、寺社勢力もその例外ではなかった、ということだ。醍醐寺は強大なだけに抗争もすさまじくなるのである。歴史のマグマが噴出する時代だったのだ。

寺社勢力には、鎌倉幕府への深い反感・憎悪がある。醍醐寺が思いを同じくする天皇後醍醐と結びつくのは当然のなりゆきだ。

後醍醐に呼応する寺側の人物を求めるなら有力院家の報恩院出身の、当時の座主、文観房弘真《もんかんぼうこうしん》。西大寺で律を学び、醍醐に来て、報恩院の師僧、道順の教えをうけて、やがてその跡を継いだ。

仏画も巧みだったたし、ゆかりのある西大寺や般若寺の仏像造顕にも深い関わりを持った。当時の傑僧の一人だが、彼については、むしろ「奇僧」のイメージが先に立つ。名前を見ていただきたい。文観は文殊と観音からとったものだし、別名は殊音《しゅおん》。これも文殊と観音のミックスとはなんという欲の深さか。ふつうは師の名前を受けつぐものなのに、この異例のネーミングは彼自身の発想らしい。

野望も人並み以上だ。報恩院はもともと天皇家に密着していたが、文観房も内供奉《ないぐぶ》（天皇の側近の僧）に任じられ、後醍醐に印可《いんか》（仏教者としての免許状）を与え、秘法も授けている。身分は臣下だが、仏教の世界では逆の師弟という深い結びつきの中で、秘かに倒幕計画が練られたことだろう。

単なるそのかしではない。文観房の背後には庞大な所領があり、そこには幕府の支配を受けない精悍な武装兵力が控えていた。さらに寺に連なる修験者《しゅげんじゃ》・山伏《やまぶし》も支配下にある。加えて彼の握る驚くべき広い人脈もあった。

まさに醍醐寺をぬきにしては後醍醐の挙兵は考えられない――とするもの書きの恣意《しい》をお許しいただけるだろうか。古代以来、さまざまの特権を握っていた寺社勢力はまだ生きていたのだ。その総力をあげての大勝負が始まったのは、一三三〇年前後。しかし試みは失敗に終り、後醍醐は都を逃れる。その足跡を辿ると、東大寺東南院（聖宝創建、当時の院主の聖尋《しょうじん》は文観房の同門の友）――金胎寺《こんたいじ》（京都府相楽郡和束町《わつかちょう》。現在も醍醐派の名刹）――笠置寺《かさぎでら》（京都府相楽郡笠置町。別当《べっとう》は聖尋）。まさに「文観ルート」で動いているではないか。

このとき後醍醐は幕府勢に捕えられ、廃位の後に隠岐《おき》へ。幕府のバックアップで代って皇位についたのは持明院統の光厳《こうごん》天皇である。文観房も逮捕されて硫黄島へ配流《はいる》されてしまった。が、しぶとく諦めないのはこの時期の人間の特性である。やがて足利尊氏《あしかがたかうじ》、新田義貞《にったよしさだ》らの幕府側の有力武士の挙兵で幕府は崩壊する。このとき近畿地方で大活躍する楠木正成は、じつは文観房が人脈を貼りつけてある河内《かわち》の観心寺・金剛寺の荘園の武装勢力——とわかれば、悪党《あくとう》か、運送業者か、などと言われた彼の正体も明らかになろうというものだ。

光厳天皇はたちまち廃され、後醍醐はふたたび王座へ。文観も戻ってきて側近で活躍する。しかし意気ごんで始めた刷新政治（戦前は「建武の中興」と称えられたが）もたった二年で崩壊する。足利尊氏が叛旗《はんき》を翻《ひるがえ》したからだ。興亡の末、後醍醐は吉野へ。ここは修験の本拠でもある。

では醍醐寺勢力は消滅したのか、といえば答はノウである。それどころか足利尊氏がこの寺にすり寄っていたのだ。狙ったのは三宝院。報恩院より歴史も古いこの院は、かねて報恩院や文観房の横暴を憎んでいたのだ。

時代を蔽う分裂・抗争のありようを見抜いての尊氏の楔《くさび》の打ちこみ方はさすがである。一方三宝院のトップ賢俊《けんしゅん》のチャンスを捉える腕の冴えもみごとではないか。賢俊は公家《くげ》の日野氏出身で、廃位された前帝、光厳に太いパイプを持っていた。後醍醐側からの逆賊呼ばわりを避けるために、賢俊は光厳に、尊氏の正当性を保証する宣旨《せんじ》を要請した。

賢俊がもたらしたこの宣旨で、歴史は大転換を見せる。尊氏は勢いづき、北条氏滅亡後、とまどっていた武士たちは、わっとばかりに集まってきた。歴史の巨人、醍醐寺はその実力をいやというほど見せつけたのである。賢俊は醍醐寺座主から真言宗全体のトップの座である東寺の長者《ちょうじゃ》へ。尊氏から多くの所領の寄進もあり、ここで確立された三宝院の優位性は現在まで続いている。

二〇〇四年（平成十六年）、醍醐寺霊宝館で「和紙に見る日本の文化――醍醐寺史料の世界」と名づけられた展覧会があった。和紙の成立、製紙技術の変遷、和紙の多様性、その使途の差など、きわめて高度な展示だったが、その中に、思わず眼を奪われた一角があった。

なんと後醍醐が文観房に与えた自筆の「天長印信《てんちょういんじん》」と、足利尊氏が大恩人賢俊の没後の四十九日に、冥福を祈って書いた「理趣経《りしゅきょう》」が並んでいるではないか！

内容の解説は専門家にお任せするとして、これぞ、南北朝史の縮図である。文書の背後に亡霊が潜《ひそ》んでいたら、たちまち怒号が渦巻き、ケースがひっくり返されるところだが、雰囲気はあくまで静かで、展示もさりげなく、説明も深入りしない心憎さ。

さすが歴史の巨人ならではの展観よ。敬意を表しつつ、これぞ歴史を見る楽しみ、と至福の時《と》刻《き》をゆっくり味わわせていただいた。

霊宝館は一九三五年（昭和十年）の創立だが、二〇〇一年（平成十三年）増改築され、メインの大展示場には上醍醐の国宝薬師三尊が安置された。ふつうの美術館のガラスケース入りの展示ではただの「彫刻」だが、ここではガラスで遮ることもせず、須弥壇上の「薬師さま」を近くで拝することができる。採光も自然光に近い工夫がこらされていて、聖域《サンクチュアリ》の雰囲気が人の心に安らぎを与えてくれる。

付け加えると、増改築のための敷地調査で、叢《くさむら》の中から、みごとな枝垂桜《しだれざくら》が姿を現わした。あたりも整備され、館内から、桜を眺める総ガラス張りのレストコーナーも設けられている。醍醐はやはり花の寺なのである。

霊宝館に付属する収蔵庫は七棟。八百函を超える古文書のほか、彫刻、障壁画等、それぞれの収蔵棟に収められ、最新の収納技術、空調設備によって護られている。古文書の調査整理はかれこれ九十年余り続いているとか。それでも八百函のうち終ったのは七百四十函。何しろ十四万点にもなろうという厖大さ、とお寺の方に伺って驚いている耳に、さらに意表をつく言葉が入ってきた。

「整理と同時にデータベース化もしています」

えっ。データベース化？　古刹とハイテクのドッキングに呆然としていると、

「そればかりではありません」

最新技術による襖絵のレプリカ作製。そしてレーザー光線による仏像の計測――。提携した会社も大乗気で、細心の注意を傾けての取組みの中で、さらに新しい技術へのヒントも生れたという。

古刹とハイテク――。

しかし意外の組合せではない、と醍醐寺の方はさらりと言われる。

「驚くことはありません。寺はいつも最新の技術と知識を生かしてきているのです。五重塔もまさにそれで造られたのです」

歴史の寺を、古めかしい存在と思うのがまちがいなのだ。しかも、このハイテク技術はお遊びではない。後世に文化を伝える醍醐寺の責任を遂行しているのだ。おびただしい古文書のデータベース化で、将来、研究者は大きな成果を稔らせてくれるだろう。

考えてみれば、歴史の中の醍醐寺は常にそうだった。南北朝という大分裂・大動乱の時代を敏感に読みとり、この寺はその先端を走りぬいた。賢俊の後にも、満済《まんさい》・義演《ぎえん》等のスケールの大きい座主が出て、時代を先取りしつつ寺を支え続けたではないか。

もう一つ、この寺にはほほえましいハイテクチャレンジがある。醍醐寺のシンボルともいうべき、あの桜の大木から、クローン二世を誕生させたのだ。

クローン桜

最高の技術を持つ研究所に委嘱しての試みが実を結んだ。

いまクローン桜は三宝院の入口に移し植えられ、五メートルほどに育っている。どうやらその桜は親桜に似ているようでもある。あるいはクローン桜は親桜と向きあって、しきりにその姿を真似ているのかもしれない。

クローン桜が育ってその葩が肩にまつわりつくまで私は生きていないだろうが、やがてこの若桜の兄弟たちが全山を蔽いつくす日を夢みることだけは許されそうである。

本文の中では省略したが、左記の文献を参考にさせていただいた。書名・著者名（敬称略）を記し、厚く御礼申し上げる。

『醍醐寺』　佐和隆研　東洋文化社　昭和五十一年
『聖宝 理源大師』　大隅和雄　醍醐寺寺務所　昭和五十一年
『文観房弘真と美術』　内田啓一　法蔵館　平成十八年
『文化財学の課題　和紙文化の継承』　湯山賢一編　勉誠出版　平成十八年

新版 古寺巡礼 京都 6

醍醐寺

Daigoji

三宝院の枝垂桜

Sanbōin Shidarezakura

三宝院は、醍醐寺の院家（いんげ）の一つとして、第14世座主（ざす）勝覚（しょうかく 1057〜1129）により、永久3年（1115）に開基された寺。現在は総門を入って左側にあり、桃山時代末期まで金剛輪院と称されたところにある。玄関に向かう途中には樹齢150年とされる枝垂桜があり、春には満開の花をつける。

五重塔　Gojūnotō

◆国宝　平安時代

3間5重の塔婆（とうば）で本瓦葺、高さ38.2メートルの安定感のある堂々たる五重塔で、京都に遺るものとしては最古である。『醍醐雑事記』によれば、承平元年（931）朱雀（すざく）天皇が醍醐天皇の冥福を祈って建立を発願、20年を経た天暦5年（951）村上天皇の御宇に完成し、翌年に塔供養が催行された。初層内部に描かれた両界曼荼羅・真言八祖像をはじめとする壁画は、醍醐寺最古の密教絵画というばかりでなく、類例の少ないこの時期にあってわが国絵画史上貴重な作品となっている。

五重塔・初層内部　Gojūnotō

◆国宝　平安時代　板絵

天暦5年（951）に完成した五重塔内初層内部の東西側半面には、いかにも密教寺院らしくそれぞれ胎蔵界（たいぞうかい）・金剛界の両界曼荼羅が描かれ、周囲の腰羽目板（こしはめいた）には真言八祖像などが描かれている。とりわけ心柱（しんばしら）西面の大日如来像は細部まで精彩に描かれている。これらは塔内部に両界曼荼羅を描くことによって真言密教の中心思想を象徴したものであり、10世紀密教絵画の遺例が甚だ少ないなかで、この時期の絵画の基準作例として貴重である。

金堂　Kondō

◆国宝　平安時代

五重塔の北西に位置する桁行7間、梁間5間、一重入母屋造(いりもやづくり)、本瓦葺の堂で、前1間を外陣(げじん)とし周囲に廻縁をめぐらしている。延長4年(926)創建の醍醐寺金堂は永仁3年(1295)に焼失し、再建後の金堂も文明2年(1470)に大内氏の勢により焼失した。その後再建はならなかったが、豊臣秀吉の醍醐寺再興の支援を受けて、慶長5年(1600)に紀伊国(和歌山県)有田郡湯浅(ゆあさ)村の満願寺本堂(平安時代末期建立)を解体して移築したことが移建時の棟札銘よりわかる。

金堂・内陣　Kondō

◆国宝　平安時代

金堂は鎌倉時代末期に修理が行なわれ、慶長5年の移建時および近世に入ってからも改修が施されるなど当初のままではないが、内陣上部に組まれた出組（でぐみ）の組物は材料も古く、平安時代末期の様式を示していることから、元来の建築年代は平安時代末期から鎌倉時代初期と考えられている。須弥壇（しゅみだん）の上には湯浅から運ばれてきた本尊薬師如来坐像などが祀られている。

下醍醐清滝宮　本殿　Shimodaigo Seiryūgū Honden

◆重文　室町時代（永正14年）

清滝宮は醍醐寺一山を守護する鎮守で、寛治2年（1088）に第14世座主勝覚の手によって上醍醐に勧請され、下醍醐へは永長2年（1097）に勧請された。現在の本殿は仁王門を入って右手にある。三間社流造（ながれづくり）で檜皮（ひわだ）葺。『醍醐寺新要録』により永正14年（1517）に建立されたものであることがわかる。

大講堂　Daikōdō

昭和時代（昭和5年）

明治から昭和にかけて活躍した実業家で、京都市中の多くの寺院の復興を援助した山口玄洞（げんどう）が、昭和5年（1930）に真言僧侶の育成道場として寄付、建立した建物。石を積み上げた土台の上に雄大な屋根を持つ宝形造（ほうぎょうづくり）の大建築が建つ。ちなみに神護寺金堂も玄洞の寄付になるものである。

三宝院 唐門 Sanbōin Karamon

◆国宝 桃山時代

三宝院表門の東に南面する3間1戸の平唐門で、大きな「五七の桐」をつけた2つの扉とその両脇に「十二弁の菊」の彫刻が施されており、旧伏見城の遺構と伝えられる。朝廷からの使者が来寺の時にのみ開扉したとされ、当初は柱扉以下黒漆塗で桐と菊の紋には金箔が押してあったことが文献よりわかる。

三宝院 表書院 Sanbōin Omoteshoin

◆国宝 桃山時代

三宝院の殿舎と庭園は豊臣秀吉が慶長3年(1598)に醍醐寺で花見を催すにあたって改造・増築されたもので、玄関・勅使の間・表書院・宸殿・庫裏(くり)・純浄観(じゅんじょうかん)・護摩堂からなる。このうち表書院は書院造ながら、縁側に勾欄(こうらん)をめぐらし、西南隅に泉殿(いずみどの)をつけるなど寝殿造の様式を取り入れたユニークな建築。表書院の東にあるのが茅葺入母屋造の純浄観で、表書院・純浄観の中間北にあるのが入母屋造桟瓦葺の宸殿である。

三宝院　庭園

Sanbōin Teien

◆特別名勝　特別史跡　桃山時代

中央に池を掘り、中島を三つ造って多くの橋で連ね、南に仮山、東に滝、池のまわりに多数の名石を用いた豪壮な庭園。回遊式庭園ながら建物内部から眺める形となっている。豊臣秀吉が聚楽第の庭から名石「藤戸石」(ふじといし)をはじめ多くの海石を運ばせて造ったと伝える。

三宝院　勅使の間　Sanbōin Chokushinoma

◆重文　桃山時代

秋草の間と表書院の間にある一重切妻造妻入、本瓦葺の建物で、一重唐破風（からはふ）造、檜皮葺の車寄（くるまよせ）が付属するが、これは古くよりあるものではないことが古図からわかる。右には表書院の車寄がみられる。

三宝院　奥宸殿内部　Sanbōin Okushinden

◆重文　江戸時代

表書院と宸殿の中間北に位置する奥宸殿は田の字型の間取りで、主室上座の間は床・棚・書院および帳台構（ちょうだいがまえ）を完備する。棚は透し彫りがあり「醍醐棚」として有名で、棚の左に帳台構があり、その飾金具には鉄線（てっせん）の文様がある。

薬師堂　Yakushidō

◆国宝　平安時代（保安2年）

上醍醐の伽藍の中央に位置する建物で、はじめ延喜7年（907）に醍醐天皇の発願で建立される。現存する建物は保安2年（1121）に第15世座主定海（じょうかい）により再建されたもの。桁行5間、梁間4間、一重入母屋造、檜皮葺。上醍醐に遺る平安時代唯一の遺構で、簡素で力強い姿の仏堂。なお、薬師堂の本尊である国宝薬師如来および両脇侍像は、不慮の災難に備えて現在は霊宝館に移坐されている。

上醍醐　清滝宮拝殿　Kamidaigo Seiryūgū Haiden

◆国宝　室町時代（永享6年）

醍醐水のすぐ横にあり、山腹を切り開いて建てられ、前面が崖にさしかかる懸造（かけづくり）となっている。『満済准后（まんさいじゅごう）日記』によれば永享6年（1434）に建立されたもので、桁行7間、梁間3間、一重入母屋造、向拝3間、檜皮葺。妻側を正面として軒唐破風（のきからはふ）をかけた装いで、当時の貴族住宅の建築手法を生かした建物として貴重なものである。

開山堂　Kaisandō

◆重文　桃山時代（慶長13年）

妻側を正面とする桁行8間、梁間5間の規模の廟堂形式の入母屋造建造物で、豪華華麗な彫刻を多用して各所を装飾している。『醍醐寺新要録』によれば、慶長11年（1606）に豊臣秀頼が開山堂・如意輪堂・五大堂の山上三堂宇の再建を発願し、同13年に竣工をみた。内部の正面は軒唐破風付きの厨子（ずし）で、中央に開山理源大師（聖宝）、右に第1世観賢（かんげん）僧正、左に弘法大師の御影を祀る。

如意輪堂　Nyoirindō

◆重文　桃山時代（慶長11年）

五大堂からやや離れた高所にあり、桁行5間、梁間3間、一重入母屋造、妻を正面とする杮葺（こけらぶき）で懸造（かけづくり）の仏堂。如意輪堂は慶長10年（1605）の失火により開山堂・五大堂とともに焼失したが、翌年に豊臣秀頼により再建された。堂下の岩塊は、貞観開眼（じょうがんかいげん）の日に如意輪観音菩薩が飛行して、その上に立たせられたという奇瑞を伝える。

准胝堂　Junteidō

昭和時代（昭和43年）

准胝観音像を本尊とし西国三十三カ所観音霊場の第十一番札所として知られる。聖宝僧正が醍醐寺の開創にあたり、自刻の准胝観音を祀られた草堂をもって草創とする。以後たびたび火災に遭い、現在の堂舎は昭和14年（1939）、山火事により山上の清滝宮本殿・経蔵などとともに類焼したあと、同43年に新造されたものである。

五大堂　Godaidō

昭和時代（昭和15年）

五大堂は開山堂の向かって左手にある建物で、昭和7年（1932）に焼失し、同15年に再建された。草創は「仁王護国般若波羅蜜多経」に基づき、鎮護国家・万民豊楽（ばんみんぶらく）を祈願する道場として開山の聖宝により建立されたと伝え、本尊に五大明王像が祀られていた。現在の五大明王像は近年になって重要文化財に指定された。

醍醐水　Daigosui

上醍醐の清滝宮拝殿横、准胝堂の前方にある泉。聖地を求めて行脚中の聖宝が、笠取山（かさとりやま）の山頂近くで老人（地主神・横尾明神）に出合い、この霊泉を飲んだ老人が「ああ、醍醐味なるかな」と発したといわれる。明神の示現によりその清水の出る所に庵を結び、准胝・如意輪の両観音を安置したのが醍醐寺のはじまりという。

薬師如来坐像　Yakushinyorai（36頁）
日光菩薩立像　Nikkōbosatsu（上右）　月光菩薩立像　Gakkōbosatsu（上左）

◆国宝　平安時代　木造　霊宝館安置
像高　薬師如来：176.5cm　日光菩薩：120.1cm　月光菩薩：120.9cm

日光菩薩・月光菩薩の両脇侍像とともに上醍醐に建つ薬師堂の本尊で、現在は下醍醐の霊宝館に安置される。醍醐天皇の発願により聖宝が造像を開始し、死後弟子の観賢が遺志を継いで延喜13年（913）ごろに完成したものである。三尊とも一木造、表面に漆箔を施す。醍醐寺草創期の記念碑的作品であるとともに、醍醐寺を開いた聖宝の弟子会理僧都（えりそうず）の手になる醍醐寺工房制作の数少ない遺品として高い価値がある。

薬師如来坐像　Yakushinyorai

◆重文　鎌倉時代　木造　像高128.8cm　金堂安置

桃山時代に豊臣秀吉の命によって有田（和歌山県）湯浅の満願寺から金堂が移築された際、同時に運んでこられたと推測される像。右手は施無畏印（せむいいん）を結び、左手に薬壺（やっこ）を持つ。寄木造（よせぎづくり）の檀像（だんぞう）風の彫刻で、白木の像に截金（きりかね）模様の装飾を配している。なお、本尊の脇侍として日光・月光両菩薩像が侍立する。

阿弥陀如来坐像　Amidanyorai

◆重文　平安時代　木造　像高86.4cm　霊宝館安置

かつて上醍醐東谷阿弥陀堂に安置されていた来迎印を結ぶ阿弥陀如来像で、優しい顔容やゆったりとした姿勢から平安時代後期の定朝（じょうちょう）様の特色がよく表れている。平安時代後期の醍醐寺にも阿弥陀信仰が広まっていたことを示す像である。檜材、寄木造、彫眼で保存状態もよく、截金で装飾された台座も当初のまま遺っていることも貴重である。

弥勒菩薩坐像　Mirokubosatsu　快慶作

◆重文　鎌倉時代（建久3年）　木造　像高112.0cm　三宝院安置

建久3年（1192）に醍醐寺第18世座主勝賢（しょうげん）を願主にして仏師快慶が制作した像である。勝賢は後白河法皇の近臣藤原信西（しんぜい）の息で、本像はこの年亡くなった法皇の供養のため造られたものである。現在三宝院の本尊であるが、もと勝賢が創立した上醍醐岳洞院の本尊であった。玉眼（ぎょくがん）、高く結い上げた髻（もとどり）や衣の複雑なひだの流れなどに中国・宋代の彫刻様式の影響がうかがえる。快慶の初期の代表作といえよう。

千手観音立像

Senjukannon

◆重文　平安時代　木造
像高192.5cm　霊宝館安置

上醍醐の薬師堂に安置されていた像。頰の張った幅広い顔でぶ厚い唇を突き出し、目は三日月形の伏し目である。衣のひだに見られる翻波式衣文（ほんぱしきえもん）は穏やかで、42本ある腕にはおのおの持物があり、平安時代初期の貞観彫刻の雰囲気を漂わせている。

聖観音立像

Syōkannon

◆重文　平安時代　木造
　像高51.5cm　霊宝館安置

もとは醍醐天皇の念持仏として下醍醐法華三昧堂に安置されていたとされる。檀像(だんぞう)風一木造の観音像で、制作時期は醍醐寺創建より早く9世紀までさかのぼるとされる。大きな目鼻を持つふくよかな顔立ちで、衣文は深く大胆に刻まれている。像全体を天衣(てんね)、台座蓮肉まで含めて一木で彫成し、ともに当初のままであることは貴重である。体や衣に黄色の顔料が残るのは白檀製檀像を意識した技法といえる。

如意輪観音坐像
Nyoirinkannon

◆重文　平安時代　木造
　像高49.6cm　霊宝館安置

もと上醍醐清滝宮（寛治2年〔1088〕鎮座）の本地仏（ほんじぶつ　神体）として祀られていた像である。6本の腕には、蓮華・輪宝・如意宝珠（にょいほうじゅ）・数珠を持ち、ふくらみのある顔や頭部と胴部を一木で彫成しているなど平安時代初期の作風を示し、10世紀までさかのぼる可能性がある。

不動明王坐像　Fudōmyōō　快慶作

◆重文　鎌倉時代（建仁3年）　木造　像高53.3cm　霊宝館安置

両眼を見開き、上歯をむきだした東寺講堂の弘法大師様不動の流れを汲む像で、快慶が忿怒尊（ふんぬそん）の制作を手がけたことは珍しい。像内の内刳り部には、「建仁三年〔1203〕五月四日」の日付があり、この年の7月から運慶とともに東大寺南大門の金剛力士像の造像に着手することから、快慶最盛期の一作といえよう。なお像内には、快慶の名とともに造立の結縁者の名が記されている。

五大明王像　Godaimyōō

◆重文　平安時代　木造　霊宝館安置

もと三宝院護摩堂に安置していた五大明王像で、現在は霊宝館に移安されているが、平安時代の下醍醐において五大明王を安置していたのは西三昧堂だけであった。眼球を飛び出させ、歯をむき出した恐ろしげな顔を持ち、細身の体つきなど独特の雰囲気を醸しだす五大明王像で、胴体・頭部を一木で彫り出し、深い内刳りを施す技法で造られる。10世紀ごろ制作になる五大明王の古例として珍重されよう。

不動明王　Fudōmyōō

像高86.9cm

軍荼利明王　Gundarimyōō
像高124.0cm

降三世明王　Gōzanzemyōō
像高122.0cm

金剛夜叉明王　Kongōyashamyōō
像高118.5cm

大威徳明王　Daiitokumyōō
像高81.8cm

帝釈天騎象像 Taishakuten

◆重文 平安時代 木造
像高（座高）108.6cm
霊宝館安置

通常帝釈天は仏教の守護神として梵天（ぼんてん）と対に造られるが、この像は単独像である。昭和50年頃まで上醍醐の薬師堂に安置されていた像で、一木造で後頭部と背から内刳りし、もとは彩色されていた。左足を垂下して象に坐る像容は空海により将来された密教像の形である。厳しく引き締まった顔付きや堂々とした形姿から、本像の制作は醍醐寺草創間もない10世紀ごろになるものであろう。

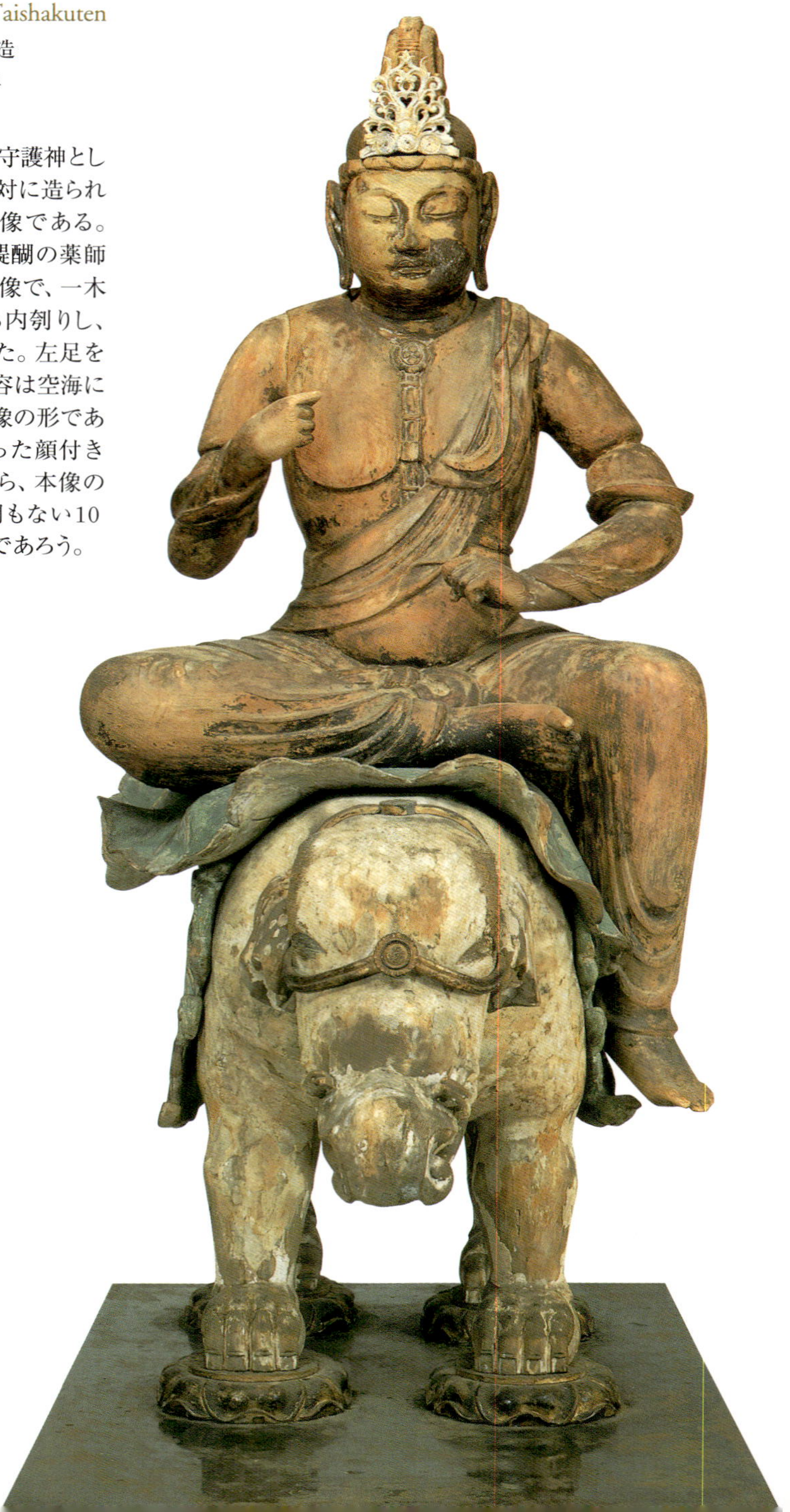

閻魔天像　Enmaten

◆重文　平安時代　木造
像高（座高）93.4cm
霊宝館安置

左足を下ろして水牛の背に乗る閻魔天像である。もとは上醍醐の薬師堂に安置されていた。『醍醐雑事記』には上醍醐薬師堂に鳥羽天皇の皇后待賢門院（たいけんもんいん）御願の炎魔天像の記述があり、この像がこれに該当する可能性が高いとされる。閻魔天像は宮中の安産祈願の本尊として尊ばれた。檜材、寄木造でゆったりとした姿に平安時代後期の仏像の雰囲気がある。

六字経曼荼羅図　Rokujikyōmandara

◆重文　鎌倉・南北朝時代　絹本著色　縦127.5cm　横83.9cm

六字経曼荼羅は、調伏・息災のために修する六字経法の本尊として用いられる。中央の大月輪に釈迦金輪、周囲には手前から右廻りに聖観音・千手・馬頭（ばとう）・十一面・准胝・如意輪の六観音をめぐらし傍らの小月輪内にそれぞれの種子（しゅじ　梵字）を金泥で描く。中央には海中の岩上に円鏡を置き、周囲に六軀の呪詛神をめぐらし右辺に不動明王、左辺に大威徳明王、大月輪の上辺に雲と左右に飛天を一軀ずつ配する。応永17年（1410）座主満済（まんさい）の時に修理した旨の裏書がある。

大日金輪像　Dainichikinrin

◆重文　鎌倉時代　絹本著色　縦96.3 cm　横83.3cm

密教の最上根本の仏である大日如来は大日金輪とも呼ばれる。醍醐寺には金剛界と胎蔵界の2種の大日金輪像が伝わるが、両者は法量が一致せず、明らかに別種のものである。この画像は、臍（へそ）の下で両手を組む禅定（ぜんじょう）の形で胎蔵界大日である。頭光は蕨手（わらびて）状の暈繝（うんげん）彩色、身光は重圏光（じゅうけんこう）で、いずれも周辺に火焔をめぐらす。大月輪外の地模様は、七宝繋ぎの中に三鈷杵（さんこしょ）を斜め十字に組み合わせた羯磨（かつま）を描き込む。

愛染明王画像　Aizenmyōō

◆重文　鎌倉時代　絹本著色　縦121.2cm　横77.6cm

愛染明王は和合・親睦のために修する敬愛法（けいあいほう）の本尊として用いられる。赤色を基調として赤の濃淡とぼかしによって画面を引き立たせ、金泥の細線による怒髪の毛描きや条文・裳の衣褶線（いじゅうせん）によって画面を引き締めている。鎌倉時代制作の愛染明王の優品である。三宝院伝来。

五大尊像　不動明王

金剛夜叉明王

降三世明王

五大尊像　Godaison

◆国宝　5幅　鎌倉時代
絹本著色
各縦193.9cm　横126.2cm

不動明王 Fudōmyōō
（53頁）

金剛夜叉明王 Kongōyasyamyōō
（54頁上）

降三世明王 Gōzanzemyōō
（54頁下）

大威徳明王 Daiitokumyōō
（55頁上）

軍荼利明王 Gundarimyōō
（55頁下）

この五大尊像は、平安時代中期に活躍した絵仏師円心（えんじん）の作と伝えられる五大尊像の図像を手本にして、平安時代末から鎌倉時代初期にかけて描かれており、作者は必ずしも一様ではない。肉身を太く強い墨線で括る描き方や、火炎の動勢を強調した描写などに、平安時代の仏画とは違う新しい時代の造形感覚をうかがうことができる。真言密教系の五大明王像として、東寺所蔵のものに次いで古いものである。

大威徳明王

軍荼利明王

文殊渡海像　Monjutokai

◆国宝　鎌倉時代　絹本著色
縦143.0cm　横106.1cm（右頁）

獅子に乗った文殊菩薩が、先頭の善財童子（ぜんざいどうじ）、獅子の手綱をとる優塡王（うてんおう）、老僧の仏陀波利（ぶっだばり）、老翁の最勝老人（さいしょうろうじん）を従えて、中国の五台山から雲に乗り、海を渡るところを描いた図。繊細な截金（きりかね）文様に平安時代以来の仏画の伝統を見ることができるが、渦巻く雲や波の描写などに宋画の影響が見られることから、宋画を手本に鎌倉時代に入って日本で制作されたものであろう。

地蔵菩薩像　Jizōbosatsu

◆重文　鎌倉時代　絹本著色
縦119.1cm　横54.8cm

左肩あたりから出た雲が地蔵の頭上にひろがり、さらに台座の下にも雲が描かれる。ここに向かって左から罪人・白馬・人・天・阿修羅王・餓鬼が描かれ、この図が六道の救済者として、いわゆる地蔵来迎図であることを表わしている。大きな蓮台に坐る半跏の地蔵は片足を踏割（ふみわり）蓮華に置き、さらに何重にも重ねた四角い台座上にのる。地蔵の袈裟は精緻な截金で表わされるが、全体の表現は日本的ではなく、中国宋代仏画の影響のもとに日本で制作されたものであろう。本図のもととなった図様として高山寺伝来の平安時代末期の白描図像が考えられる。

閻魔天像　Enmaten

◆国宝　鎌倉時代　絹本著色
縦129.1cm　横65.4cm

地獄の支配者閻魔大王を密教像として、太い線をもって力強く描いた画像。正面向きではなく斜め右に描かれており、左足を垂れ、右足を曲げて水牛の背に乗る。うすい彩色や墨線で仕上げられて、堅苦しさがなく柔らかに描かれている。閻魔天像は中宮の安産を祈祷する密教修法である五壇法（ごだんほう）を修する際、脇壇の本尊として用いられる。

訶梨帝母像　Kariteimo

◆国宝　鎌倉時代　絹本著色
縦127.2cm　横77.9cm
（左頁）

吉祥を表わす柘榴（ざくろ）を右手に持ち、左手で赤子を抱いて半跏の姿勢で坐る訶梨帝母（鬼子母神）。はじめは子供を取って食べる鬼だったが、釈迦に自分の子供を隠されて改心し、子供の守護神となったという。中国風の服装などから、中国から請来した絵画を写した図と推測される。本像も貴人の安産祈祷などに用いられたものであろう。

不動明王像　信海筆
Fudōmyōō

◆重文　鎌倉時代（弘安5年）
紙本白描
縦112.1cm　横51.8cm

右上隅の銘文より、弘安5年（1282）に子細があって描かれた像であることがわかる。海上に孤立した岩の上に立ち、剣を杖に体を前かがみにして前方を見るともなく沈思している精悍な不動の姿を描く。筆者の信海は似絵（にせえ）の名手といわれた宮中絵所（えどころ）の絵師藤原信実（のぶざね）の第4子にあたるといわれ、醍醐寺に住み画僧として仏画を描いていたらしい。

密教図像　孔雀明王像　Mikkyōzuzō Kujakumyōō

◆重文　鎌倉時代　紙本著色　縦83.5cm　横54.8cm

肥瘦のない端正な筆線で孔雀明王を描く。肉身部に薄い朱で隈取（くまどり）を施し、主として半身の所々に心覚えとして淡彩が施されていて、作画のための紙形の色注として描かれている。向かって左側には各々別紙で明王の顔、孔雀の蓮華座、明王の蓮華座、孔雀の両翼などをほぼ同じ大きさで精緻に描いている。

金銅仏具　Kondōbutsugu

九鈷杵　Kukosyo（上前）

◆重文　宋時代　長17.9cm

五鈷鈴　Gokorei（上後）

◆重文　鎌倉時代　高21.6cm　口径9.6cm

金剛盤　Kongōban（下）

◆重文　鎌倉時代　縦22.1cm　横31.0cm　高5.6cm

これらの密教仏具は一具のものでなく、各々別々に造られ制作時期も異なる。九鈷杵は中国から輸入されたもので、把の中央に無文の球形を造り、その左右に特異に対葉花弁文を飾り、宋代（12世紀）ごろの制作になる。五鈷鈴は鈴の周囲に胎蔵界四仏の種子（梵字）を表わしている。金剛鈴・金剛杵を置く金剛盤は、四葉形をかたどり、三つの猫脚で支えられている。

五鈷鈴の種子

金具（宝相華唐草文、羯磨文）

鍍金輪宝羯磨文戒体箱

Tokin Rinpōkatsumamon Kaitaibako

◆重文　鎌倉時代　縦36.7cm　横12.4cm　高16.3cm

戒体箱は、密教儀法の一つである灌頂（修行を終えた僧が、密教の師位〔阿闍梨位〕を相承する印可を受ける儀式）の三昧耶戒（さんまやかい）の時、その戒文と名香などを収める箱。格狭間（こうざま）を入れた基台を備える印籠蓋（いんろうぶた）造りの箱を、輪宝文・羯磨文や宝相華（ほうそうげ）唐草文の透彫などを精緻に鍍金した金具で飾っており、現存する戒体箱の遺品中、最古最良のものである。

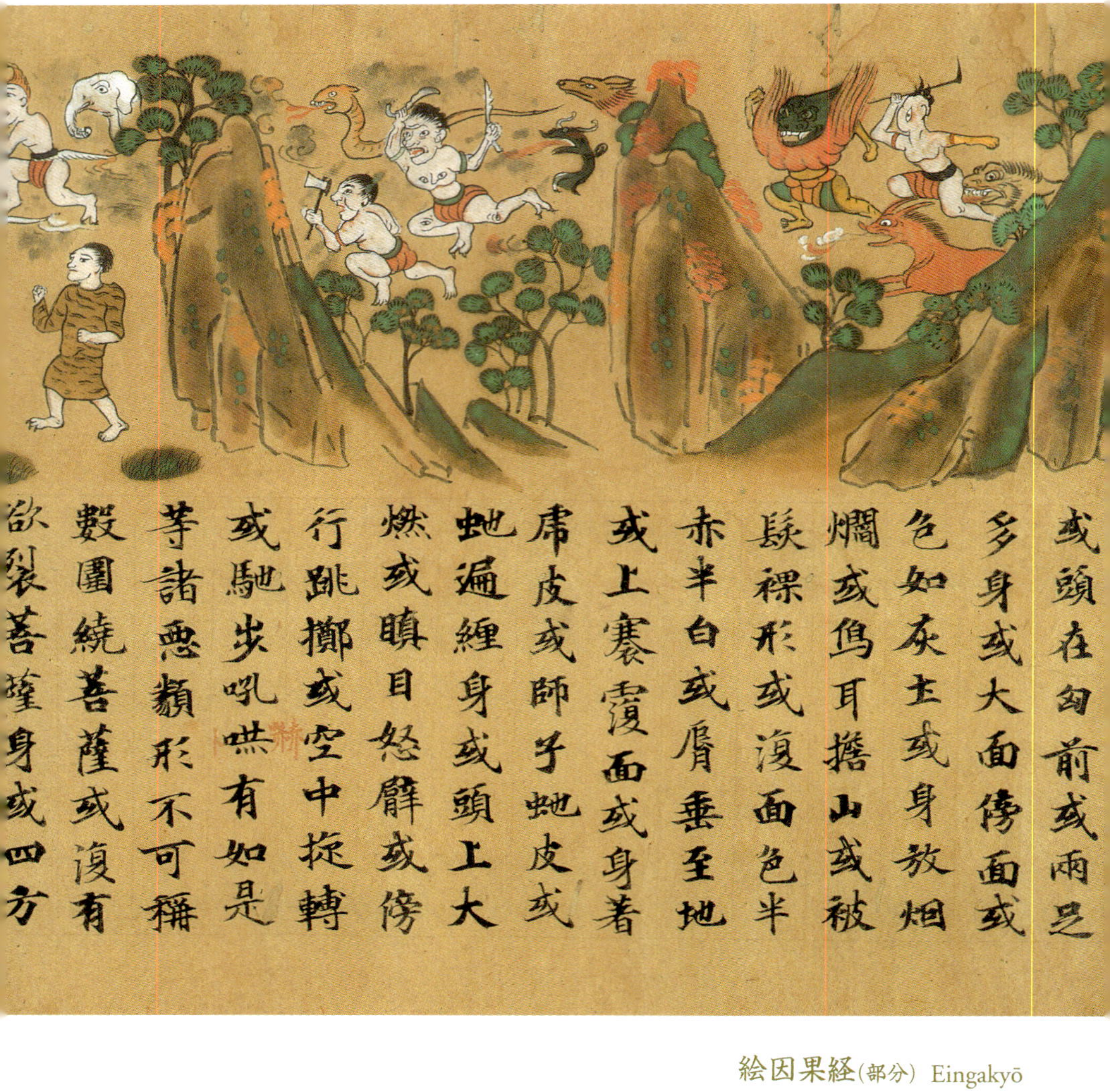

絵因果経(部分) Eingakyō

◆国宝　奈良時代　紙本著色
縦26.3cm　全長1536.3cm

烟起炎爛衝天或狂風奮發震動山谷風火烟塵暗无所見四大海水一時涌沸護法天人諸龍鬼等悉忿魔衆瞋恚増盛毛孔血流淨居天衆見此悪魔惱亂菩薩以慈悲心而愍傷之於是來下側塞虛空見魔軍衆无量无邊圍繞菩薩發大悪聲震動天地菩薩心定顏无異相猶如師子處於鹿羣皆悉歎言嗚呼

釈迦の前世、生誕から一生を物語るため「過去現在因果経」と呼ばれる経典の経文を下段に、対応する場面を絵にして上段に描いたもの。本文は全4巻であったが、絵を加えて上下全8巻仕立とした。絵因果経は天平年間(729〜49)に幾本か書写されたが多くは散佚し、醍醐寺本はその第3巻の前半が首尾完存する唯一の遺例である。描写はわが国の絵巻と違って各場面の絵は左から右へと展開する。これはインド・西域の描法が中国を経由してわが国に伝えられた結果と考えられている。

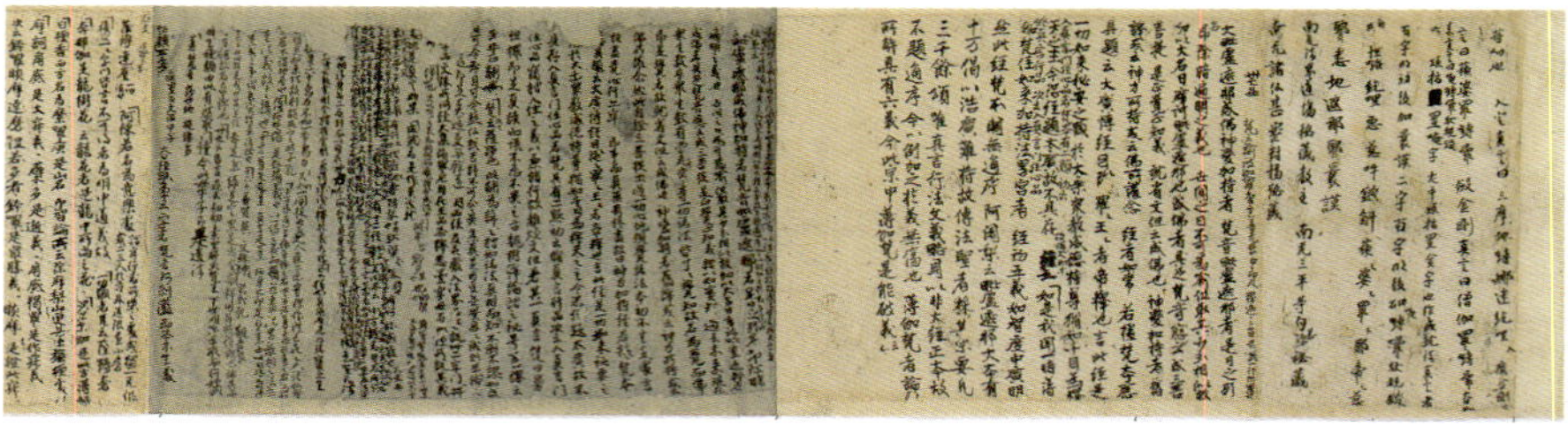

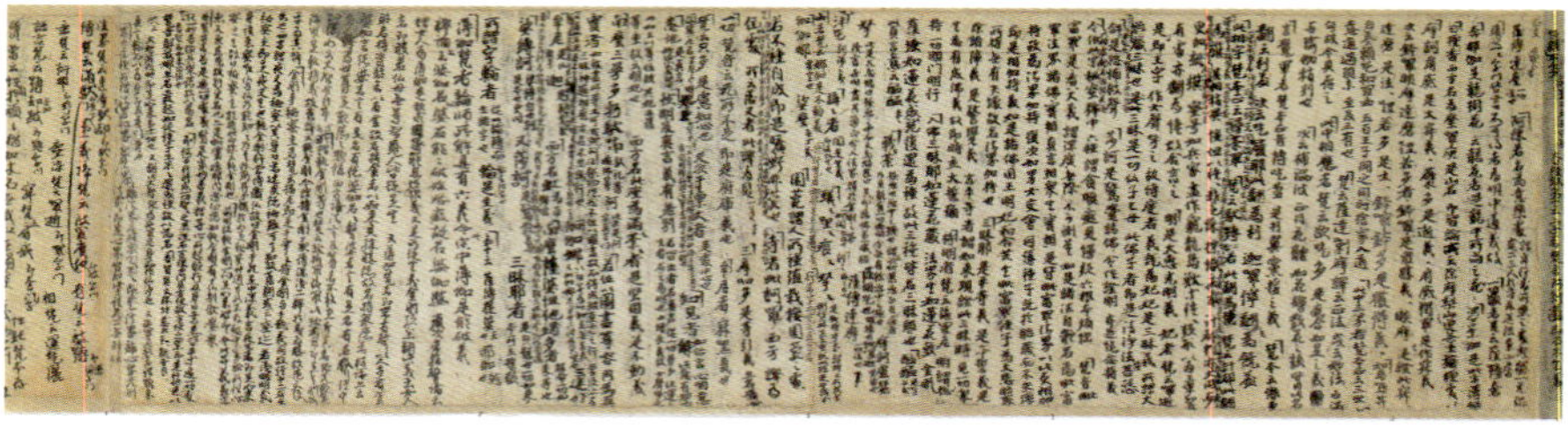

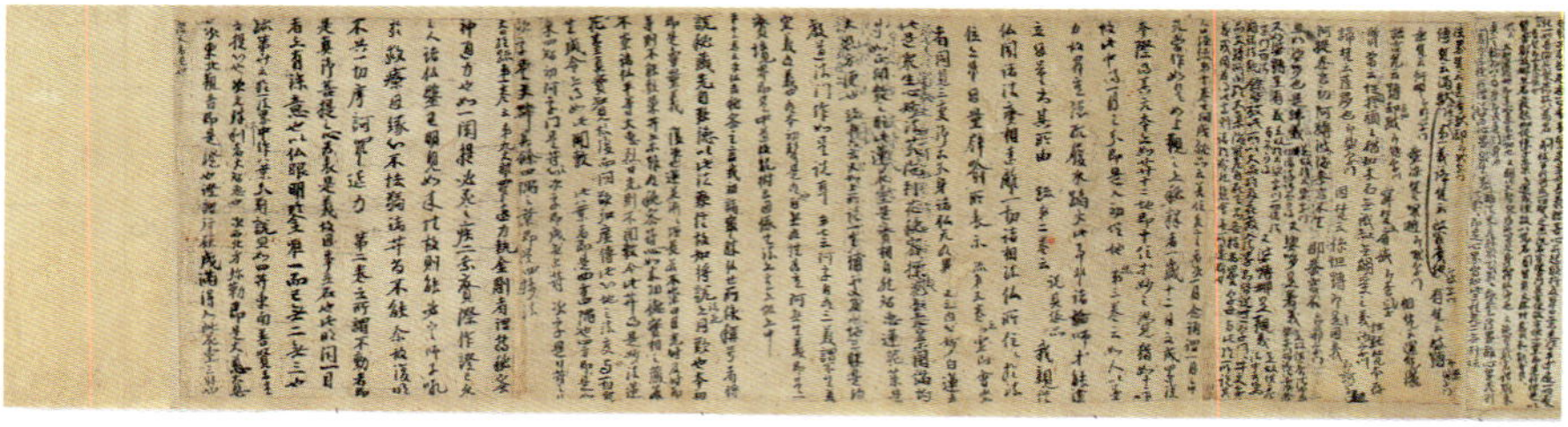

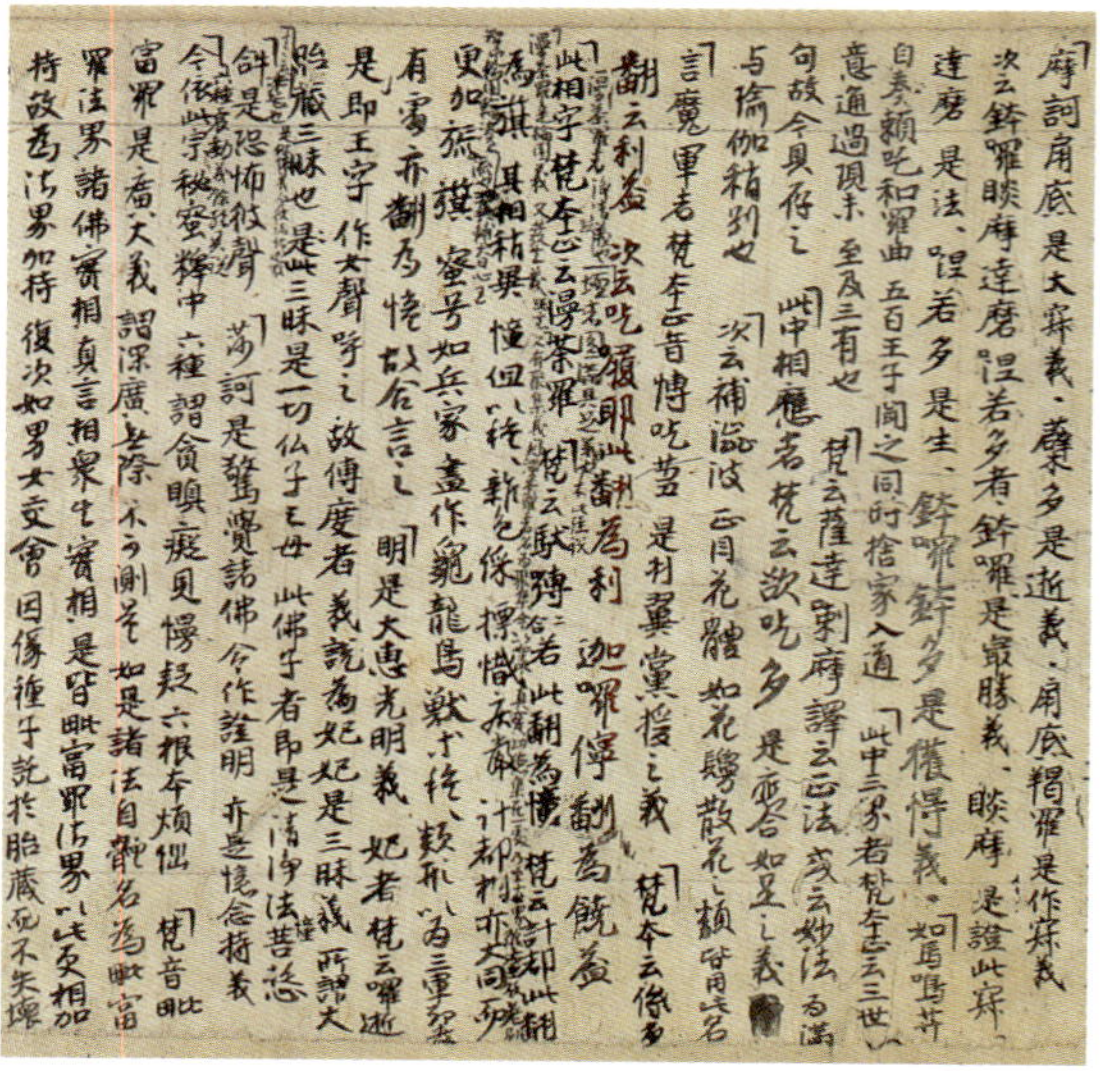

（部分）

大日経開題

Dainichikyō Kaidai

◆国宝　平安時代　紙本墨書
縦29.2cm　横290.2cm

唐の高僧一行が著した「大日経疏」の要文を抄録したもので、正確には開題ではなく要文抄と呼ぶべきものである。仁和寺蔵の国宝『三十帖冊子』の空海自筆部分と同筆であることから、空海自筆とされる。大日経は難解な経文であるが、空海は入唐留学前にノートを取りながらこれを読み、入唐して恵果（けいか）和尚からその学徳の深さを認められたようである。

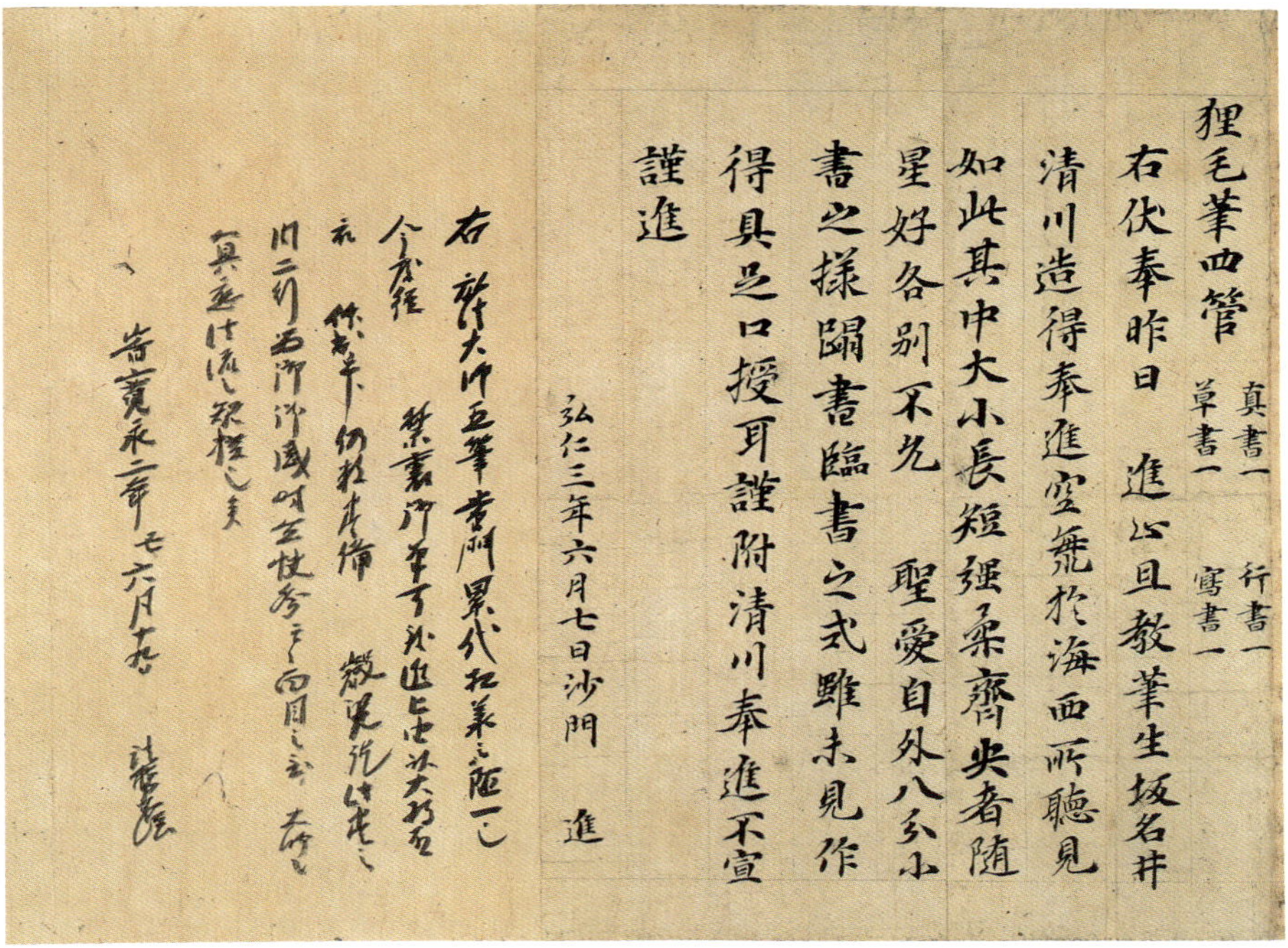
狸毛筆四管　真書一　行書一　草書一　寫書一
右伏奉昨日　進止且教筆生坂名井
清川造得奉進空海於海西所聽見
如此其中大小長短强柔齊尖者隨
星好各別不允　聖愛自外八分小
書之様踊書臨書之式雖未見作
得具足口授耳謹附清川奉進不宣
謹進
弘仁三年六月七日沙門　進

狸毛筆奉献表　Rimōhitsu Hōkenhyō

◆国宝　平安時代　紙本墨書　縦27.6cm　横65.8cm

空海が在唐中に中国で見聞した筆作りの技法をもとに、帰国後筆法別に4種の筆を作らせ、弘仁3年（812）6月7日に嵯峨天皇に献上したときの上表文である。巻末にある桃山時代の第80世座主義演准后（ぎえんじゅごう）の奥書に空海自筆とあるが、書法にやや乱れがあり、これを平安時代初期の写しとみる説がある。いずれにせよ空海がこのような上表文を天皇に奉献したことは間違いなく、醍醐寺では大日経開題とともに空海真筆として大切に伝えてきたものである。

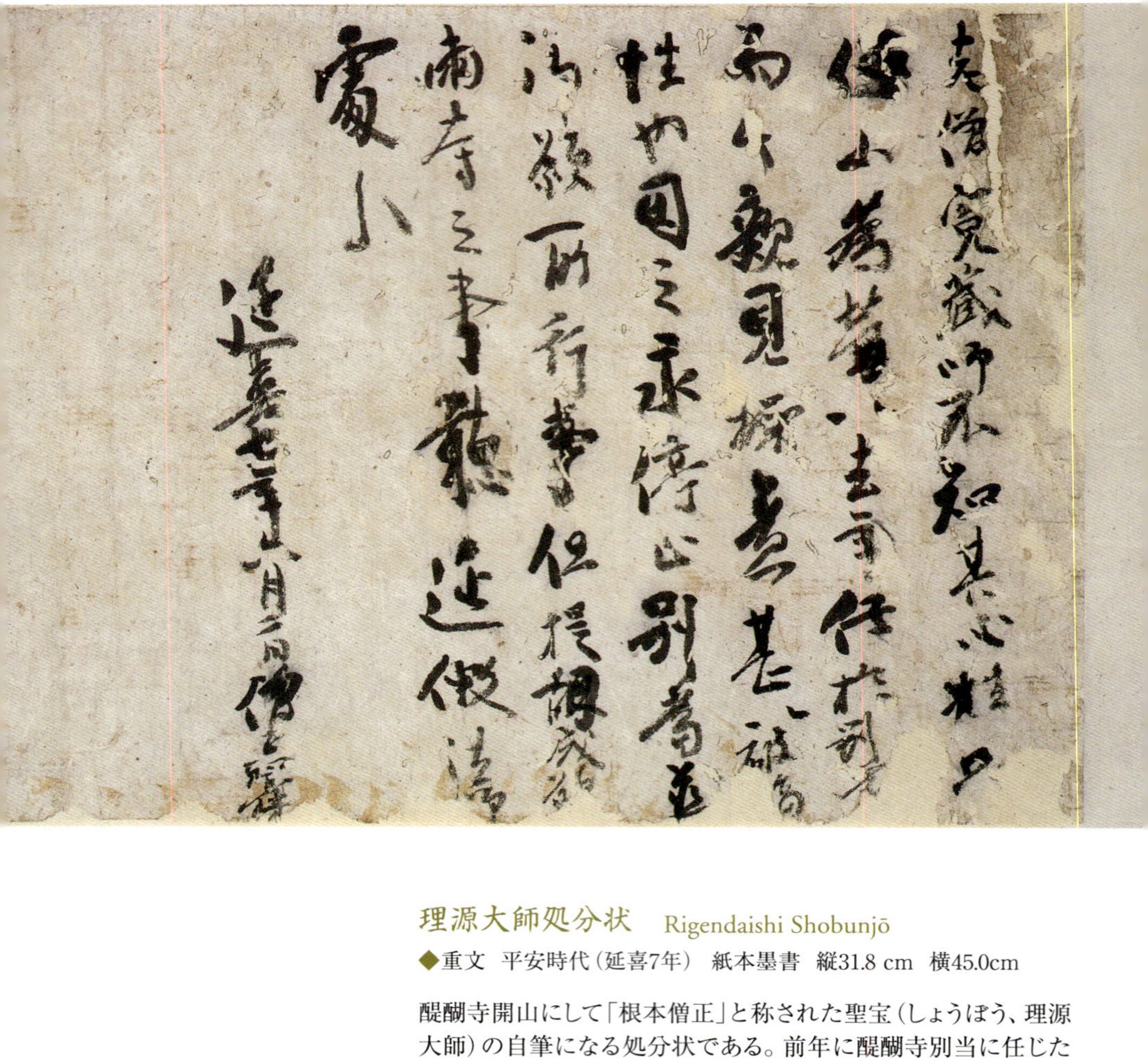

理源大師処分状　Rigendaishi Shobunjō

◆重文　平安時代（延喜7年）　紙本墨書　縦31.8 cm　横45.0cm

醍醐寺開山にして「根本僧正」と称された聖宝（しょうぼう、理源大師）の自筆になる処分状である。前年に醍醐寺別当に任じた老弟子の寛蔵の心操の不良なるを知った聖宝が延喜7年（907）にその職を解き、代わって醍醐寺・成願寺の処分を弟子延僘（えんじょう）に任せるというもの。ここで処分とは寺院の経営の意味である。数少ない聖宝自筆の書状というばかりでなく、書かれた年代と筆者の判明する10世紀の書状としても貴重なものである。

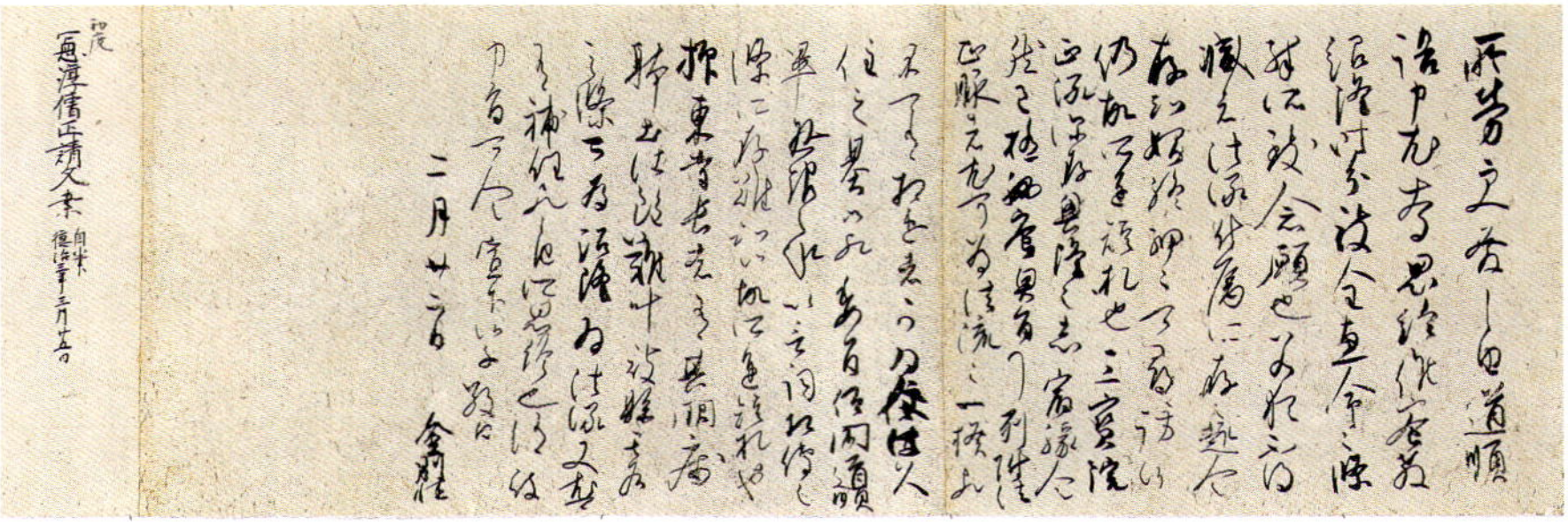

後宇多天皇宸翰　当流紹隆教誡
Goudatennōshinkan Tōryūshōryūkyōkai

◆国宝　鎌倉時代（徳治3年）紙本墨書　縦32.7cm　横305.5cm（6紙貼続）

鎌倉時代の真言密教は広沢流（大覚寺・遍照寺）と小野流（三宝院）の二大流派に分かれていた。両派の合一を念じた後宇多天皇が、徳治3年（1308）に醍醐寺報恩院の憲淳に宛てた3通の宸翰である。第1通が小野流の伝授を手紙で請い、第2通が伝授にともなう憲淳の要請を受諾し、第3通が当流（小野流）の興隆を誓約したもの。そのうち、この図版は第1通目である。鎌倉時代後期に大覚寺、東寺、醍醐寺などの真言宗興隆に大きな足跡を残した後宇多天皇の、密教への傾倒と帰依の厚さを知るとともに、三筆の一人空海の書流である大師流を学んだ天皇の能書ぶりを見ることができる。

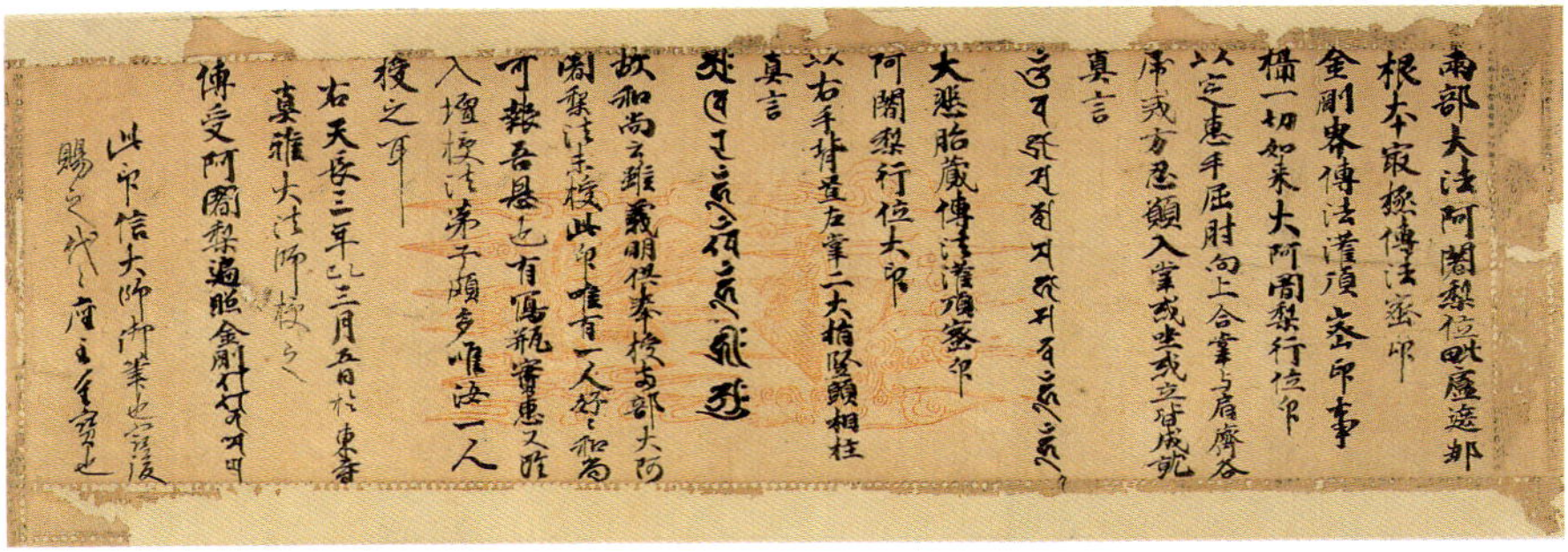

後醍醐天皇宸翰　天長印信　Godaigotennōshinkan Tenchōinjin

◆国宝　南北朝時代（延元4年）　紙本墨書　縦32.0 cm　横172.0 cm（3紙貼続）

もと天長3年（826）に空海が弟子真雅（しんが）に伝法灌頂（でんぽうかんじょう）伝授の証しとして授けた印信（いんじん）が天長印信と呼ばれるものである。これを南北朝時代の第64世座主弘真（文観上人〔もんかんしょうにん〕）が後醍醐天皇に奏請して書き写してもらったもの。中国から渡来した雲中を飛翔する仙人などを描いた臘箋（ろうせん）と呼ばれる装飾紙に、父帝後宇多天皇の書を学ぶとともに、宋代の筆法にも堪能な後醍醐天皇の雄渾な筆致をしのぶことができる。この書は天皇の没する2ヶ月前に認められたものである。

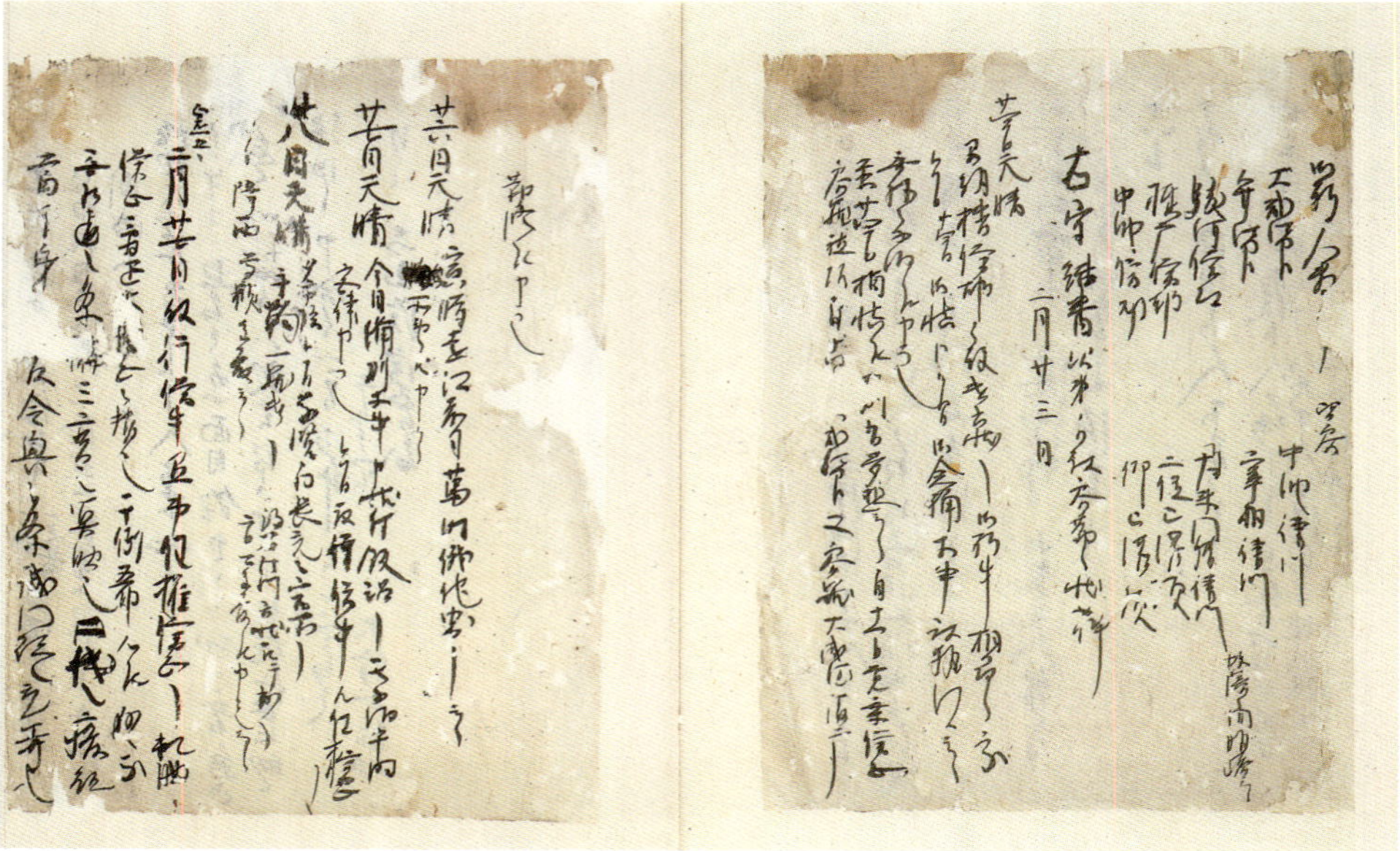

満済准后日記(部分)　Mansaijugō Nikki

◆重文　全38冊　室町時代　紙本墨書　縦24.6 cm　横19.6cm

公家の二条家出身ながら足利義満の猶子（ゆうし）となり、三宝院に入った醍醐寺第73世座主満済准后（1378〜1435）の日記である。応永18年（1411）正月から永享7年（1435）4月までが現存し、このうち醍醐寺には応永30年から永享7年までが蔵されている。満済は将軍の護持僧として、とくに足利義持・義教の代には幕政や外交にも深く関わりを持ったため、政治・外交・社会の様々な情勢に関わる記事を豊富に含み、室町時代研究の基本史料となっている。

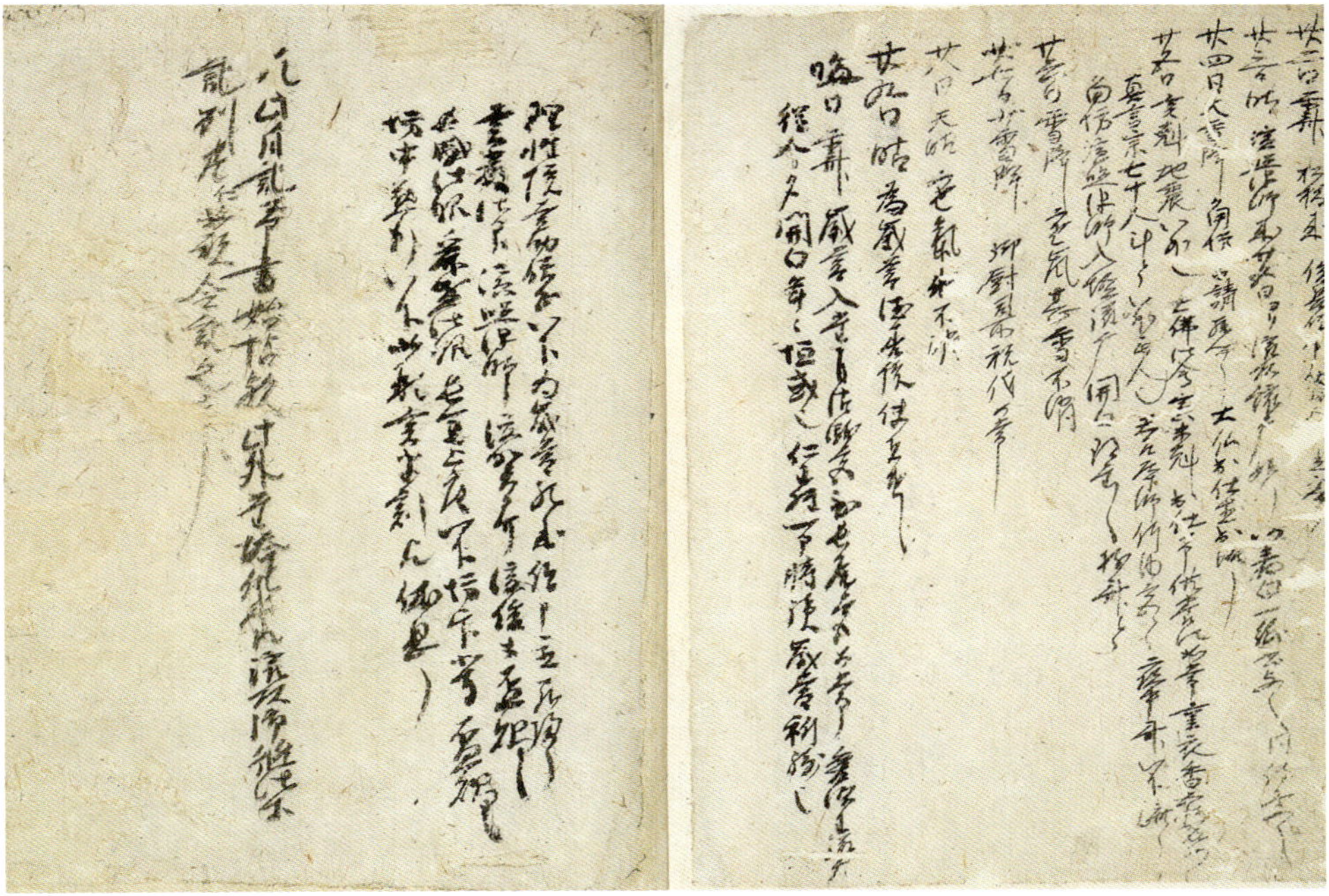

義演准后日記　Gienjugō Nikki

◆重文　全62冊　桃山～江戸時代　紙本墨書
慶長3年冊：縦29.1cm　横22.5cm
慶長5年冊：縦30.8cm　横24.0cm

満済と同じく二条家出身で室町幕府最後の将軍足利義昭の猶子となり、第80世座主となった義演准后の日記である。文禄5年（1596）から入寂する寛永3年（1626）までの62冊が現存する。義演は桃山時代から江戸時代初期にかけての動乱期に生きた座主で、豊臣家の支援を受けて醍醐寺の伽藍復興に尽力するとともに、学僧として多くの経典・聖教類を整理保護し、自らも多くを書写した。慶長3年（1598）3月には豊臣秀吉らを招いて醍醐の花見を催したことでも知られる。

右から豊臣秀吉（3葉）、豊臣秀頼（2葉）

醍醐花見短籍　Daigohanami Tanzaku

◆重文　桃山時代（慶長3年）　縦37.9cm　横5.4cm 他

慶長3年（1598）3月15日、豊臣秀吉・秀頼・淀君をはじめとする近臣数百名による豪華絢爛たる花見が醍醐寺で催された。その際に詠まれた歌を、上に藍、下に紫の雲形を漉き込んだ内曇（うちぐもり）の料紙に金銀泥で下絵を描いた短冊に認め、後に醍醐寺に奉納したもので、131葉からなる短冊帖である。秀吉の最晩年を飾るに相応しい花見であり、この年の8月に秀吉は63歳で没した。

金天目・金天目台
Kintenmoku・Kintenmokudai

◆桃山時代
天目：高5.9cm
口径12.6cm　高台径2.5cm
天目台：高6.7cm
羽径16.2cm

慶長3年（1598）の醍醐の花見のあと、豊臣秀吉は病に臥した。これは秀吉の平癒を祈祷した座主義演准后に、褒美として遣されたと伝える秀吉愛用の金天目と金天目台である。木製の椀に薄く延ばした金板を被せたもので、当時流行を見た中国の灰被天目（はいかつぎてんもく）を祖形としたものとされる。なお、醍醐寺にはこれと同型、同寸の金天目1口が別に伝わる。

桐文蒔絵炭斗
Kirimonmakie Sumitori

◆桃山時代
縦33.0cm　横29.9cm
総高38.0cm

炭斗は炭を運ぶための道具である。黒漆塗の下地に金銀の平蒔絵（ひらまきえ）と絵梨子地（えなしじ）の技法を交えて、五七の桐文を表わしている。この炭斗がどのように使われたものかは不詳であるが、慶長3年（1598）3月に贅を凝らして催された醍醐の花見の際、茶事などに使われた可能性は大いに考えられよう。

舞楽図屏風　Bugakuzu Byōbu

◆重文　2曲1双　江戸時代　紙本金地著色
各縦155.5cm　横170.0cm

俵屋宗達の筆になる総金地の2曲1双の屏風である。左隻左上方に松と桜を、右隻右下方に楽太鼓幕を描き、画面いっぱいに右から舞楽の採桑老（さいそうろう）・納曾利（なそり）・羅陵王（らりょうおう）・還城楽（げんじょうらく）・崑崙八仙（こんろんはっせん）を演じる楽人を描く。対角線の構図を巧みに用いた画面構成は律動感があり、舞楽のもつリズム感をいかんなく表わしている。

五大力尊仁王会　Godairikison Ninnōe

毎年2月23日に行なわれる行事で、「五大力さん」として親しまれている。醍醐寺開山以来連綿として続いているとされ、五大明王の功徳にあやかり、国家安穏と万民豊楽（ばんみんぶらく）を祈祷する行事で、当日は災難除けの「五大力さん」の御影の札を授けられる。また余興として、男性150kg、女性90kgの大餅を持ち上げる「力餅競べ」が参拝の観衆を沸かせる。

三宝院門跡大峯山花供入峰

Sanbōinmonzeki Ōminesanhanakunyūbu

毎年6月6日から9日に行なわれる。全国から山伏が参加し、修験道の聖地である大峯山（奈良県）に登り、各行場で厳しい修行を行なう。そして当山派修験道の根本道場といわれる小笹（おざさ、小篠）の道場で柴灯護摩（さいとうごま）が修される。

万灯供養会法要

Mantōkuyōehōyō

万灯供養会法要は8月5日に醍醐寺一山で行なわれる総供養会で、下醍醐の伽藍では500個あまりの灯籠の光の中、午後7時より金堂において「精霊供養法要」が行なわれ、また上醍醐では「夜まいり」が行なわれて全山に供養の灯がともされる。

霊宝館の桜　Reihōkan

昭和５年（1930）醍醐天皇一千年の遠忌法要にあたって建設が計画された霊宝館は、寺宝、古文書類の収蔵と陳列のために、当時の博物館施設として画期的な設備をもって同10年に開館した。陳列室は鉄筋コンクリート建て、本館は桃山風の日本建築の様式をとっている。

豊太閤花見行列　Hōtaikō Hanamigyōretsu

慶長3年（1598）3月15日に行なわれた豊臣秀吉の「醍醐の花見」にならい、毎年4月第2日曜日にその花見の様子を再現。秀吉や淀君をはじめ華やかな着物をまとった時代行列が桜の馬場ほか境内を巡る。

現代へのメッセージ

三楽

醍醐寺 座主
麻生 文雄

焼酎《しょうちゅう》に『三楽《さんらく》』というのがある。昔、九州地方に出向いたとき、よく焼酎を飲んだ。焼酎は蒸留酒だから、あくる日になっても頭に残らないし、体にもいい？　といって、地元の人々から勧められ、自分も好んでよく飲んだものである。

「三楽」とは、いかにも意味のありそうな名前である。何を言わんとしているのか。『孟子』の中に、「君子に三楽あり、而《しこう》して天下に王たるは与《あずか》り存せず」とある。天下の王になることなど、楽のうちには入らないといっている。

もう少し『孟子』にこだわると、

「父母倶《とも》に存し、兄弟事故《さわり》なきは、第一の楽しみなり」。父母がともに健在であって、兄弟に事故のないのが一つの楽しみだという。

また、「仰いで天に愧《は》じず、俯《ふ》して人に怍《は》じざるは第二の楽しみなり」と。心にやましいところがないのが人生の一つの楽しみだ。

また、「天下の英才を得て之れを教育するは第三の楽しみなり」と。天下の秀才を見いだし、これらの人を教育するのは人生の一つの楽しみだと、以上三つの楽しみを〝君子の三楽〟といっている。

あちこちの講演で、私はこの焼酎の話をよくする。このことを知ってか、平戸の知人が『三楽』を送ってくれた。その焼酎は有田焼きの壺《つぼ》に入っている素晴らしいもので、随分高価な焼酎だなと驚嘆した。壺入り焼酎をおさめた美しい箱の中に栞《しおり》が添えてあり、それに、三楽とは、

第一に壺の中の焼酎を味わって楽しみ、
第二には壺に花を活けてその美しさを楽しみ、
第三は壺自体を静かに楽しんで頂きたい。

それが三楽です、と書いてある。
佛教に随分関心度の高い作者だなと、しばらくその栞を見つめていた。
味を楽しむとは醍醐味を知ることであり、花を活けて楽しむとは、ものの生命《いのち》を知ること

であり、美の哲学に生きることである。壺を空《から》にしてそれ自体を楽しむとは、まさしく佛教的で、空《から》即ち空《くう》を楽しむということだ。勿論《もちろん》、陶器の芸術的な美しさを楽しむことも含まれている。

不幸をも受け入れる

人はいろいろ目的をもって生きていると思う。老若男女それぞれの思いは異なるかもしれないが、煎じつめれば、おそらく個々の形は違っても幸福を求めていることには変わりないと思う。幸《しあわせ》と楽しみは必ずしも一致しないかもしれないが、しかし幸せの中に楽しみを予想して幸せを求めているに違いない。幸せの中に苦しみを求めるものは、山中鹿之助以外にはおそらく存在しないと思う。楽しみとは人生の幸せを目標として誰もが考えているはずである。

「幸せ」、「不幸」と簡単に表現するが、一体何を「幸せ」といい、何を「不幸」というのか考えてみると、健康なこと、富を得ること、若い人たちは恋人ができること、大学入学、就職が決まる、名誉や権力を得ることができたこと。不幸とは前記の反対で、病気にかかる、貧乏に喘ぐ、失業する、天災地変ということであろう。

しかし、よくよくこれらのことを考えてみると、これらは確かに幸不幸の材料であるかもしれないが、そのこと自体が決して幸不幸そのものであるとは言えないと思う。幸不幸の本質と、その材料となる事象をごっちゃにして喜怒哀楽《きどあいらく》を感じているのではなかろうか。

それなら、幸不幸そのもの自体とは、一体どのようなものだろうか。

佛教はここで空《くう》ということを教えている。空とは、真実そのままが正しくあるということ。しかもそれが、非常に充実している姿であることだと教えている。

例えば、家全焼《まるやけ》の火災に遭ったとしても、いつまでもその火災にくよくよせず、まず怪我《けが》人のなかったことを喜び、灰燼《かいじん》の中から新しく立ち上がろうとする意欲を燃やし、心配してくれた多くの方々に感謝する。世間の人々に火事は大変ですよという、目に見えた警告になる、と。

火事は不幸の極みだが、これをこのように広い心、幅のある心で受け入れ、転レ禍為レ福（わざわいをてんじてふくとなす）の境地を見いだし、悠々《ゆうゆう》としてこの現実に処する態度、これを空の心という。

空を生きる

ありのままの姿を正しくそのまま見つめてゆくことであり、そこには虚偽《きょぎ》も創作もない真実そのものであること。それが空である。

森羅万象《しんらばんしょう》、ありとあらゆるものすべて因果《いんが》の法則の上に成っている。人間が各自に作っている功罪もすべて因果の法則によって生じているものである。だから、その人が罪を作ったなら、その罪を償《つぐな》ってゆくことがなければ、結果として悟りの境地、救いの境地へ入ってゆくことはできない。それが真実の姿である。

八十、九十の老婆が、おしろいをつけたり、紅をつけるより、ありのままの姿が美しいのである。鶴の足が長いからといって、これを切ってしまったら鶴でなくなってしまう。扁額《へんがく》を頼まれたとき、「柳は緑《みどり》、花は紅《あか》」とよく書く。柳の緑が新鮮で力強く伸びてゆく処に、柳の生命がある。柳が色気を出して紅《あか》い葉を出してきたらたまったものでない。

そこに在るそのありのままが、そのありのままの真実の姿が空である。これを佛教は「色《しき》即是空《そくぜくう》」と教えている。色とは色欲ということではなく、そこに在るものそのままという意味である。

「般若心経」は、空とは真実の智慧《ちえ》といっている。真実の智慧とは、何度も言うが、ありのままを正しく知ることである。愚かしさも、欲深さも、愚痴も、怒りも、ありのままに示されて、そこに初めて慈悲の心が生じてくるものである。隠しだては迷いのもとである。真実の姿を知ることが悟りに通じていると。弘法大師は、悟りとは「実《じつ》の如《ごと》く自心《じしん》を知る」といっておられる。

空《くう》とは、佛の慈悲であり、佛の大智《だいち》であり、高度に洗練された和の世界である。

大いなる智慧を以《も》って、「悉有佛性《しつうぶつしょう》」という、佛教の根元まで人の思いを高め、怨《うら》みに報《むく》いるに徳を以《も》ってすという、旧怨《きゅうえん》にこだわらず、善意を以って相手に対する高いレベルの状態を「空」と名付けているのである。

昨日までは、謗《そし》り合い、憎《にく》み合ってきたが、今日からは、愛《いと》しみ合い、憐《あわ》れみ合い、尊敬し合って仲良くゆこう。少々何かが足《た》らなくても足らないままに、凡夫《ぼんぷ》は凡夫なりに満ち足りた気持ちになって日々を生きてゆくこと。これが空であり、大きな楽しみである。

醍醐寺の歴史

東京女子大学名誉教授　大隅　和雄

醍醐寺の開創

京都市伏見区にある真言宗醍醐派総本山醍醐寺は、九世紀後半、平安時代前期に、聖宝《しょうぼう》（八三二～九〇九）によって創建された。千百年の歴史を有し、広大な境内と、建築、彫刻、絵画、典籍古文書、庭園など、数々の文化財を伝える醍醐寺の名は広く知られているが、聖宝の名を知る人は少ない。聖宝はどんな僧で、どのような経緯で山科《やましな》の地に寺を開いたのだろうか。

聖宝は、天智天皇の皇子で、『万葉集』の歌人として名高い志貴皇子《しきのみこ》から、五代目の子孫にあたり、出家前の名を恒蔭王《つねかげおう》といった。天長九年（八三二）に生まれ、十六歳の時、真雅《しんが》の下で出家した。真雅は、空海の弟で兄の弟子になった僧だったから、聖宝は空海の孫弟子ということになる。真雅は空海没後の南都の仏教界で重きをなしていた僧で、聖宝が出家した年、東大寺の別当《べっとう》に任じられた。聖宝は、東大寺をはじめ南都の諸寺で三論・法相《ほっそう》・華厳《けごん》の教学を学んだ後、葛城《かつらぎ》、大峯《おおみね》などで山岳修行に努めた。

平安時代後期に書かれた『醍醐寺縁起』によると、修行を重ね、真言密教の伝授も受けた聖宝は、おのれの進むべき道を模索して、時の有力者藤原良房が真雅を迎えて建立した深草《ふかくさ》の貞観寺《じょうがんじ》に寄宿していたが、ある日、貞観寺の東の方に見える山に、五色の雲がかかっているのを見て感ずる所があり、すぐにその山に向かった。

山道を登って行くと、山頂近い谷あいに一人の老翁が現れ、そこに湧き出る清水を飲んで、これこそ醍醐味《だいごみ》であるといった。聖宝が、自分は仏道修行に努めているが、活動の拠点となる地を探し求めていると語ったのに対して、老翁は、自分はこの山の地主の神であるが、貴僧にこの山を進上しよう。貴僧がここに精舎《しょうじゃ》を建て、仏法の興隆に努めるならば、自分はその守護神となるであろうと述べるや、姿を消した。

その後聖宝は、地主神の横尾《よこお》明神《みょうじん》から譲られた笠取山《かさとりやま》の山上で、准胝《じゅんてい》観音・如意輪《にょいりん》観音の像を刻み、両観音を祀る堂を建て、貞観十八年（八七六）に供養を行なった。醍醐寺では、縁起の伝えるこの年を開創の年とし、現在も上醍醐寺の毎朝の勤行《ごんぎょう》で、横尾明神の名を唱え、横尾明神が醍醐味と讃えた湧き水を、醍醐霊泉として尊んでいる。

聖宝が、笠取山の頂に開いた寺は、天皇や大貴族の発願《ほつがん》によって建てられた大寺院ではなかったので、開創の史実を知らせる史料は残っていない。創建の経緯は伝説に包まれているが、『今昔物語集』巻二十二の七には、興味深い説話が記されている。

聖宝が笠取山に両観音の堂を建立するより前のこと、当時貴族社会の中心にたっていた藤原良房の甥の高藤《たかふじ》は、十五、六歳の秋のある日、都の東南の山野に狩りに出掛けた。ところが、折り悪しく激しい雨に逢って道に迷い、とある家に雨を避け、一夜の宿を乞うことになった。翌日高藤は都に帰ったが、時を経ても雨宿りした家とその家の娘のことが忘れられず、思い出の家を探して訪ねたところ、あの娘が美しい幼女をつれて出てきた。

雨宿りの高藤をもてなした家は、山城国宇治郡の大領《たいりょう》（郡の長官）宮道弥益《みやじのいやます》の家であった。高藤は、弥益の娘の列子と、自分と列子との間に生まれた幼女を都に引き取った。女の子は長じて胤子《いんし》と名付けられ、源定省《みなもとのさだみ》の妻になったが、陽成《ようぜい》天皇退位の後、定省の父が即位して光孝天皇となると、定省は源姓から皇籍に戻って、皇太子になった。やがて皇太子が宇多天皇となると、胤子は女御となり、つぎの醍醐天皇の母となった。胤子の実家の宮道氏は、貴族社会に出入りするようになり、その氏神を祀る山科《やましな》神社は、大社に列せられた。胤子の発願によって、弥益の居宅の土地に勧修寺《かじゅうじ》が建てられて、高藤の子孫は勧修寺流と呼ばれることになった。

この説話に出てくる宮道氏は、山科盆地に、勢力を伸ばしていた一族であったから、聖宝が醍醐寺を開くに際して、宮道氏とかかわりがなかったとは考えられない。聖宝の私寺として建てられた醍醐寺は、醍醐天皇の時代に発展し、醍醐天皇の皇子である朱雀《すざく》・村上天皇の時代に、さらに大寺院へと発展することになった。

下醍醐寺の建立

都に名を知られるようになった聖宝は、宇多天皇の帰依を受けた益信《やくしん》と並んで、真言宗を代表する僧となり、諸寺を管轄し、宮中の仏事でも大きな役割を果たした。延喜《えんぎ》五年（九〇五）に、東大寺に東南院が開かれると、その院主となって三論教学の学統を守り、翌々年、醍醐寺は醍醐天皇の御願寺となって、薬師堂が建てられることになった。

薬師堂の本尊薬師三尊像は、醍醐寺に現存する数々の仏像の中で、唯一聖宝の時代のもので、十世紀初頭の彫刻として、美術史の上で貴重なものとされている。院政期に再建された薬師堂に安置されていたが、保存に万全を期するために、平成十三年（二〇〇一）に、下醍醐の霊宝館に移された。

晩年、めざましい活動を続けた聖宝は、延喜九年七月六日に、七十八年の生涯を閉じた。聖宝には数多くの優れた門弟があったが、その中で、観賢《かんげん》が師の後を継いだ。観賢は、真言宗の興隆に努め、空海に大師号を賜りたいと奏上して、弘法大師の名が贈られたが、さらに醍醐寺を定額寺《じょうがくじ》に列せられるよう願い出て、延喜十三年にその願いが叶えられると、寺内の組織を整え、同十九年に、初代の醍醐寺座主《ざす》となった。

こうして醍醐寺の寺格が上がってゆくと、山上の観音堂に詣でて尊像を礼拝する人々も増えていったが、山上には大きな堂塔を建てる平地はなく、多くの人々が儀式行事に集まる広場もなかった。また、山上への急な坂道を登ることが難しい人も少なくなかったので、延喜十九年、笠取山の西麓に宿院が建てられ、ついで下醍醐寺《しもだいごじ》の建設が始められることになった。

延長四年（九二六）には、醍醐天皇の御願堂として、下醍醐寺の金堂となる釈迦堂が完成したが、その四年後、醍醐天皇が亡くなると、釈迦堂で四十九日の法要が行なわれた。さらに、醍醐天皇の後山科陵が、醍醐寺の北近くに造られ、醍醐寺が護衛に当たることになった。また、天皇の一周忌の法要も釈迦堂で営まれた。

醍醐天皇の後を継いだ朱雀天皇は、父天皇ゆかりの醍醐寺に帰依し、弟の村上天皇に譲位した後、下醍醐に五重塔を建設することを発願した。しかし、塔を建てる工事は、建築の中心人物が亡くなるなどしてなかなか捗《はかど》らず、完成したのは下醍醐寺の建設が始まってから、二十年後の天暦《てんりゃく》五年（九五一）のことであった。この塔は、上下の醍醐寺に現存する堂舎の中で、唯一現存する創建当時の建築で、京都に残る最も古い建物でもある。

高さ三十八・二メートルのこの塔は、全高の三分の一に及ぶ長い九輪《くりん》を戴きながら、安定感に富んだ穏やかな美しさを持っている。初重の柱や板壁には、曼荼羅が描かれていることと併せて、平安時代中期の貴重な建築として知られている。

下醍醐寺の境内は、四方に築地《ついじ》がめぐらされ、南大門・東大門・西大門が建てられていたが、奈良街道に面して開かれた西大門を出入りする参詣者が多く、現代でも西の門が醍醐寺の総門になっていて、塔の南の南大門を出入りすることは少なかった。こうして、下醍醐に堂塔伽藍が整って、東寺や仁和寺と並ぶ真言宗の大寺院が出現したが、上醍醐寺《かみだいごじ》には経論を学ぶ僧や、山岳修行の僧も集まって、東寺や仁和寺とは違う雰囲気を持つ寺として知られるようになった。

醍醐寺が大寺院へと発展した時代は、延喜・天暦時代と呼ばれて、いわゆる国風文化の花が開いた時代であった。都の貴族の間では、かな文字が普及して、和歌が社交の文学となり、物語や日記が後宮の女性たちに読まれるようになったが、地方では平将門《たいらのまさかど》、藤原純友《すみとも》の反乱が起こるなど、奈良時代以来の社会秩序が大きく変わり始めた時代であった。

村上源氏の支援と参詣者の広がり

藤原氏が栄華を極めた時代を経て、十一世紀の半ばを過ぎると、天皇の外戚である摂関家に対して、譲位した上皇が政治の実権を握る、院政の時代が始まった。摂関や大臣の地位を独占する九条流藤原氏に対して、村上天皇を祖とする村上源氏の人々が貴族社会に進出して、院政の下で藤原氏と並ぶ貴族社会第二の勢力となった。

摂関政治の時代に、比叡山が、摂関家の支援を得て仏教界で優位に立つ中で、醍醐寺は、村上源氏の人々との関係を深めて、寺院の活動を続けていった。村上天皇の孫に当たる源師房《みなもとのもろふさ》は、摂関家と結んで村上源氏の政界進出の基礎をつくり、その子俊房《としふさ》は院政期の貴族政治家として活動した。俊房の子の勝覚《しょうかく》（一〇五七〜一一二九）は、醍醐寺に入って座主となり、三宝院《さんぼういん》を開いたが、俊房の弟の顕房《あきふさ》の娘賢子《けんし》は白河天皇の中宮《ちゅうぐう》となって、顕房の活動を援けた。

賢子が亡くなった時、従兄弟に当たる勝覚は、上醍醐の円光院で葬儀を行ない、上醍醐に陵をつくった。その後、上下の醍醐寺には、源氏の人々によって次々に子院が開かれ、仏像や経巻が納められたが、子院の維持のために寄進された荘園所領も少なくなかった。

都から遠くない所にある醍醐寺は、天台宗の密教（台密）に対して、真言宗の密教（東密）を学ぶ道場として知られるようになった。東密には、益信を祖とする広沢《ひろさわ》流と、聖宝の小野《おの》流があったが、醍醐寺は小野流の拠点として、多くの修行僧が集まった。

醍醐寺には、開創以来地主神として横尾明神が祀られていたが、寛治《かんじ》二年（一〇八八）、鎮守の神として清滝の神が勧請《かんじょう》され、上醍醐に清滝宮《せいりゅうぐう》の社殿が建てられ、下醍醐にも清滝宮が建てられた。空海は、長安の青竜寺で密教を学んだが、日本に帰る時、青竜寺を守護していた竜女が、空海を護って日本について来た。遠く海を渡って来たので、青竜にサンズイをつけて清滝としたというのが、清滝宮の縁起で、平安時代以来、醍醐寺の鎮守の神として祀られ、上醍醐の准胝・如意輪観音を本地とする神として重んじられてきた。

大寺院になった醍醐寺の鎮守の神として、いわば地方的な笠取山の横尾明神よりも、長安から渡来した神の方が相応しいと考えられたのであろう。『醍醐寺縁起』には、聖宝の夢に清滝権現が現れたとあるが、寛治の勧請以前の祀られ方は知ることができない。寛治以来、清滝権現は醍醐寺の地主の神として、尊重され、上下の社殿ではさまざまな祭りが行なわれた。室町時代には、清滝権現に能が奉納され、世阿弥《ぜあみ》が楽頭職《がくとうしき》に就いた。

平安時代の後期、都から遠い所にある、霊験あらたかな仏菩薩に参詣することが始まった。霊山霊場はさまざまに数えられたが、三十三箇所の観音像の巡礼が盛んになり、那智《なち》の青岸渡寺《せいがんとじ》を起点として、第十番宇治の三室戸寺《みむろどじ》、第十一番上醍醐寺、第十二番正法寺《しょうほうじ》（岩間寺《いわまでら》）、第十三番石山寺《いしやまでら》と、宇治から近江まで、尾根伝いの道を通って、多くの巡礼が上醍醐寺の准胝堂の観音像を礼拝した。西国巡礼の人々は現代も、後を絶たず続いている。

足利尊氏の帰依と豊太閤の花見

醍醐寺には、上醍醐に円光院、光台院、宝幢《ほうどう》院、下醍醐に三宝院、理性《りしょう》院、金剛王院など数多くの子院が建てられ、多くの僧が集まって、真言密教の教えと儀式作法を学んだ。鎌倉時代に、東大寺の再建に活動した重源《ちょうげん》、真言律宗の布教に努めた忍性《にんしょう》などは、醍醐寺で修行した僧として知られ、重源は、宋版《そうはん》の一切経《いっさいきょう》を醍醐寺に奉納した。

鎌倉時代の末になって、各地で起こった戦乱は、都から離れた醍醐にも及んだ。鎌倉幕府に反旗を翻し、室町幕府を開いた足利尊氏は、日野俊光《としみつ》の子で醍醐寺の僧となった賢俊《けんしゅん》（一二九九〜一三五七）が取り次いだ光厳《こうごん》上皇の院宣《いんぜん》を受けて、朝敵の名を免れた。賢俊は、敗走する尊氏について九州に赴くなど、親密な関係を結び、醍醐寺座主となった後、尊氏の護持僧となった。賢俊の四十九日の法要に際して、尊氏が書写して納めた「理趣経《りしゅきょう》」が、醍醐寺に現存する。また、座主として醍醐寺の興隆に努めた満済《まんさい》

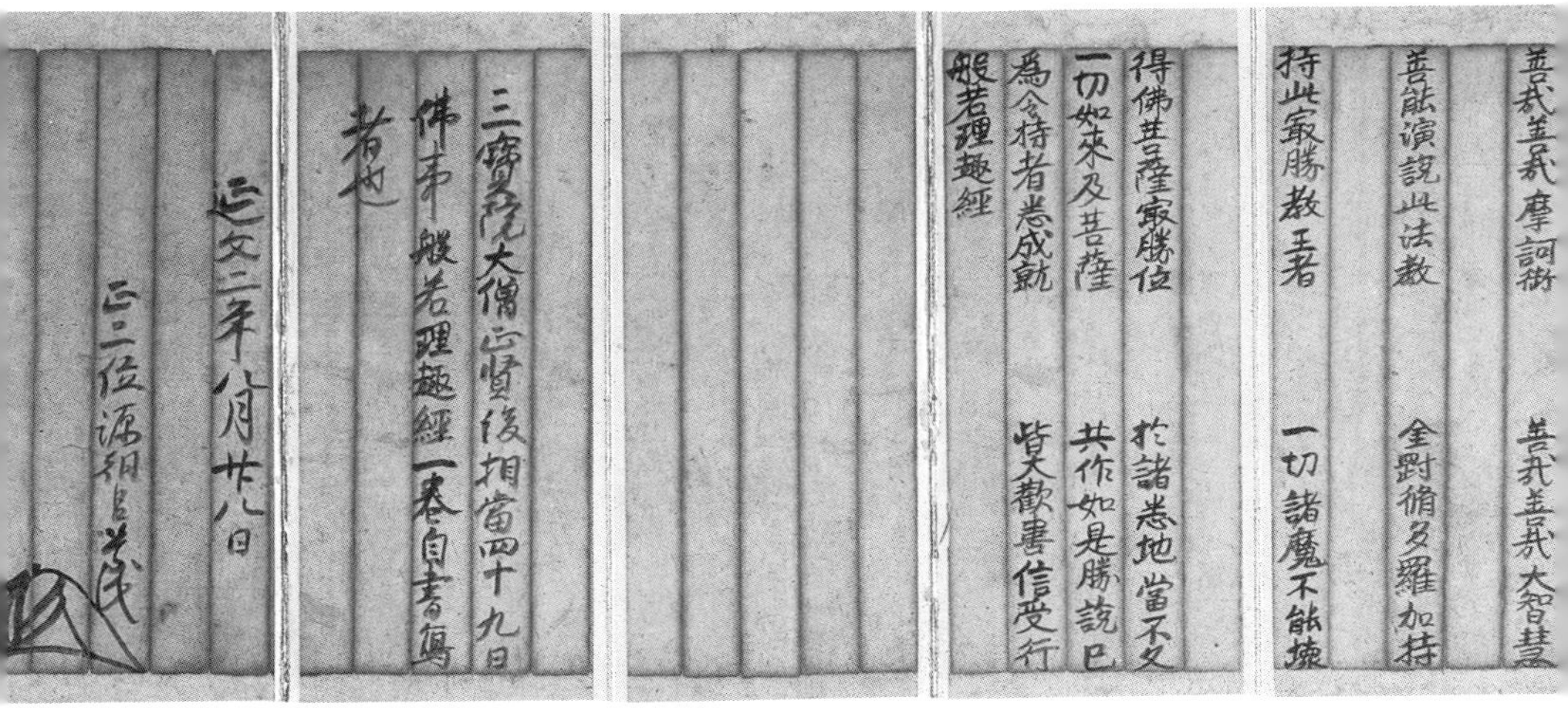

「理趣経」足利尊氏筆（巻尾）　重文　室町時代

（一三七八〜一四三五）は、藤原師冬《もろふゆ》の子で、三代将軍足利義満の信任を得て義満の猶子《ゆうし》となり、四代将軍義持《よしもち》、六代将軍義教《よしのり》の時代まで、幕政の諮問《しもん》に応え、黒衣の宰相《さいしょう》と呼ばれた。

戦国時代の長い戦乱で、荒廃した醍醐寺の復興のために奔走したのは、義演《ぎえん》（一五五八〜一六二六）であった。義演は関白二条晴良《はるよし》の子で、上醍醐寺で修行を重ね、天正四年（一五七六）、十九歳の若さで第八十世の座主となった。

義演は、晩年の豊臣秀吉の帰依を受け、朝鮮出兵のための祈祷や、方広寺の大仏開眼供養の呪願師を務めたが、優れた門地と、驚くべき事務能力を発揮して、醍醐寺の復興事業を推進した。かねて醍醐寺境内の景観に魅せられていた秀吉は、慶長二年（一五九七）、醍醐寺を訪れた際に、この地で大々的な花見の会を催すことを思いついた。

翌慶長三年の年が明けると、花見の準備が始まり、女人堂から上醍醐に向けて少し登った所にある槍山《やりやま》と呼ばれる場所から、西大門の辺りまで、三百五十間（約六三〇メートル）の道の両側に、三月十五日と決めた花見の日に咲く桜を植え込むことが命じられた。近江・河内・大和・山城の諸国から、七百本の桜が運び込まれて、花見に集まった人々は、秀吉の権勢に圧倒され、満開の桜と豪華な宴に酔った。

花見の当日、秀吉は、秀頼《ひでより》、北政所《きたのまんどころ》、淀君《よどぎみ》をはじめ、数百人の武将、女房衆を従えて醍醐寺に入り、先頭を歩きながら、花を眺め、沿道に設けられた茶屋に立ち寄るなどし、槍山に建てられた御殿で、花見の歌会を開いた。秀吉の側近たちは、自作の歌を書いた短冊を桜の枝に懸けて、華やかな宴に興を添えた。枝に懸けるために糸を通した跡のある短冊は、『醍醐花見短籍《たんざく》』として霊宝館に収められている。秀吉が六十三年の生涯を閉じたのは、花見から五ヵ月後の、八月十八日のことであった。

この花見の儀に間に合わせるべく、秀吉は、焼失した金堂の跡に、紀伊国湯浅の満願寺《まんがんじ》の本堂を移建することを命じた。現在の金堂がそれで、移建の工事は驚くほどの速さで進められたが、秀吉はその完成を見ることはできなかった。秀吉の没後、義演の復興計画は中断の形になったが、秀頼・北政所の支援によって、西大門の跡に仁王門を建てて南大門の仁王像を移し、上醍醐の如意輪堂・五大堂・開山堂が再建されて、醍醐寺はかつての姿を取り戻したように見えた。

ついで義演は、座主の房である三宝院の復興に着手し、金剛輪院の跡に護摩堂などの仏堂、宸殿を中心とする表向きの御殿、座主の日常的な住宅の部分、唐門を建て、さらに庭園を造った。庭には、備前国（岡山県）から室町幕府の庭に運ばれ、さらに聚楽第を経てこの庭の主人石となった名石の藤戸石《ふじといし》が据えられた。三宝院は、その後数次の改築、改造を経て現在に至り、真言宗醍醐派総本山の管長、醍醐寺座主、門跡《もんぜき》が住み、寺務を執行する場所となっている。

聖宝は、南都で修行していた時に、吉野の山々に登って、山岳修行に励んだと伝えられてきた。笠取山に建てられた醍醐寺は、山岳寺院の性格を持っていたので、早くから修験山伏《しゅげんやまぶし》が集まる所になっていたが、室町時代になって、山伏の活動が盛んになると、各地の山伏の組織化が進み、天台宗の園城寺《おんじょうじ》の聖護院《しょうごいん》を本山とする本山派と、真言宗の醍醐寺の三宝院を本山とする当山派《とうざんは》が、勢力を競い合うようになった。出羽三山《でわさんざん》、白山《はくさん》、石槌山《いしづちやま》、彦山《ひこさん》などを拠点とする修験山伏の組織も現れたが、本山派・当山派の二大流派が江戸時代に引き継がれ、醍醐寺は修験の寺として知られることになった。

宝永四年（一七〇七）、醍醐寺は、聖宝の八百年遠忌《おんき》を迎えるに当たって、開山に大師の諡号《しごう》を賜りたいと奏請《そうせい》し、東山天皇の勅によって、理源大師の号が贈られることになった。

近代の醍醐寺

明治元年（一八六八）、新政府の宗教政策が示され、神仏分離が実施されることになった。徳川幕府によって保障されていた寺院の権限がすべて廃止され、朝廷の宗教行事も停止になり、明治五年には、修験道廃止令が出されて、修験は解散を余儀なくされ、醍醐寺の宗教活動は壊滅状態に陥った。

明治初年の混乱の中で、大きな寺院は経済的な基盤を失い、何世紀にもわたって守り伝えてきた、寺宝の売却を迫られる寺院も少なくなかった。醍醐寺も、新時代に生きていく道を模索し始め、組織を見直して財政の建て直しをはかり、彫刻、絵画、典籍、仏具などの文化財を護持していく体制を整えた。

明治三十三年（一九〇〇）、真言宗醍醐派が独立し、三宝院門跡が、醍醐寺座主、醍醐派管長を兼ねる現在の制度ができて、明治三十八年から、寺宝の調査が始められた。近代の歴史学、古文書学、美術史学、建築史学など諸分野の研究者が集まって、調査を進め、保存の方法の検討が重ねられた。

明治末年に、修験道復活の運動が起こり、神変大菩薩《しんぺんだいぼさつ》役 行者《えんのぎょうじゃ》・理源大師聖宝を讃仰する儀式行事が行なわれた。昭和五年（一九三〇）には、醍醐天皇一千年の遠忌法要に当たって、新しい収蔵庫と陳列のための施設を建設する計画がたてられ、昭和十年に当時の博物館施設としては、画期的な設備を持つ霊宝館が開館された。

その間、昭和七年に上醍醐の五大堂が火災に遭い、同十四年には、上醍醐の国有林の出火で、准胝堂、清滝宮本殿、客殿、書院、経蔵などが焼失した。五大堂と清滝宮本殿は、再建されたが、准胝堂、客殿、書院の再建は、戦争のために中断し、同四十三年になって落成を迎えた。また、重源が奉納した宋版一切経が収められていた経蔵は、この時焼失したが、約六千帖の一切経は、調査のために下醍醐に移されていたために、焼失を免れた。

平成十三年（二〇〇一）に、新しく建て替えられた霊宝館が開館して、上醍醐から移された薬師三尊像をはじめ、数々の寺宝が、醍醐寺の歴史を語りかけてくる。密教修行の寺院として重んじられ、花や紅葉の名所として親しまれてきた醍醐寺は、多様な文化財を保有する日本有数の寺院として、大きな役割を担っている。

清滝宮の別願

交差する運命――

京都市美術館館長　村井 康彦

聖宝《しょうぼう》（八三二～九〇九）によって開かれた醍醐寺は山上にはじまり（上醍醐《かみだいご》）、のちに山下にも伽藍堂塔が営まれ（下醍醐《しもだいご》）、寺基が全備された。清滝権現《せいりゅうごんげん》を祀る鎮守社・清滝宮が山上にも山下にも設けられた理由である。その祭礼には神事猿楽《しんじさるがく》が奉納されたが、南北朝のはじめ頃から摂津猿楽の榎並座《えなみ》が楽《がく》頭職《とうしき》（上演する権利のこと）を得てこれに奉仕していた。支障の生じた時には同じく摂津猿楽の鳥飼座《とりかい》が代演したが、たまに大和の猿楽者が勤めていた。

したがって大和四座の一つ、結崎座《ゆうざき》の観阿弥《かんあみ》・世阿弥《ぜあみ》父子にその代演の機会があったのは、全くの偶然だったというわけではない。しかしそれを看過できないのは、世阿弥たちの運命を左右するほどの出来事だったからであり、しかもそれが後年、もう一度あったのだ。醍醐寺は世阿弥の人生に重大な関わりをもった寺なのである。

あらためて触れるが、のちに（応永三十一年〔一四二四〕四月）、世阿弥の子・元雅《もとまさ》が醍醐寺清滝宮の楽頭職に補任《ぶにん》された時、隆元僧正は、かつて観阿弥・世阿弥父子が所も同じ清滝宮で七ケ日の猿楽を興行した時のことを思い出し、こう記している。

伝え聞く、今日楽頭始めの猿楽これあるべしと云々、観世入道（元雅の父・世阿弥）の親の観世（観阿弥）、光済僧正の時、当寺に於て七ケ日の猿楽、それ以後名誉にして京辺に賞翫せられおわんぬ。いまの観世入道（世阿弥）、その時小児にて異能を尽しおわんぬ。これまた親（観阿弥）に劣らざる上手、名誉の者なり。

（『隆元僧正日記』）

光済僧正の時とは、僧正が二度目の醍醐寺座主《ざす》となった康安元年（一三六一）から応安七年（一三七四）四月までであるが、足利義満が三代将軍になったのが応安元年（一三六八）十二月であるから、その間のことになる。

すなわち、京辺での評判を聞いた義満は今熊野《いまくまの》社参の折、社頭において父子に演能させている。後年世阿弥自身『申楽談義《さるがくだんぎ》』のなかで「世子十二の年なり」と語っており、応安七年のことと考えられている。この御前能を機に将軍の寵を得るに至った観阿弥・世阿弥父子は、活躍の場を大和（奈良県川西町結崎《ゆうざき》）から京都に移している。

京都に出た世阿弥たちはどこに住んだのか。現在、京都市上京区大宮通今出川上ル観世町の西陣中央小学校内にある観世稲荷社・観世水《かんぜすい》（井戸）は、かつて観世家が室町将軍家より拝領した屋敷地にあったものと伝えている。花の御所の西、それほど遠くない地所である。観世屋敷については、管見によれば『蔭涼軒日録《いんりょうけん》』寛正《かんしょう》六年（一四六五）五月二十四日条にみえる「観世宿所」というのが初見である。

当時の観世大夫は音阿弥元重《おんあみもとしげ》（世阿弥の甥）であったが、右の宿所が、世阿弥の屋敷を襲ったものか、別の屋敷だったのかはもとより、現在の観世屋敷跡との関係も詳《つまび》らかにしない。しかし観阿弥・世阿弥らの宿所は室町幕府の近辺にあったとみて間違いなかろう。

隆元僧正が世阿弥を評して「異能を尽し」たといい、「親に劣らざる上手」といった言葉からすぐに想起されるのが福田秀一氏によって紹介された東大寺尊勝院あての二条良基《にじょうよしもと》（一三二〇〜八八）の書状である（「世阿弥と良基」『藝能史研究』10号所載）。今熊野社の演能からさほど日時はたっていないと思われるが、良基がたまたま会った少年世阿弥にたちまち惚れ込んでしまい、もう一度会えるよう取りなしてほしいと頼み込んだ書状である。そのなかに、

わが芸能（猿楽）は中〳〵中におよばず、鞠《まり》連哥（歌）などさえ堪能には、たゞ物にあらず。なによりも又、かほかたち、ふり風情、ほけ〳〵として、しかもけなわげに候。かかる名童候べしともおぼえず候（中略）。将軍さま賞翫せられ候も、ことはりとこそおぼえ候へ（後略）

当代随一の文化人から「名童」と折紙をつけられた世阿弥。その上「ほけ〳〵として」（見るものがぼうっとなること。それほどの美しさ）「けなわげ」（りりしいこと）といった賛辞からもこの少年の魅力が感じられる。ちなみに幼名鬼夜叉《おにやしゃ》にかえて名乗った藤若《ふじわか》はこの良基が贈ったものである。しかし観阿弥・世阿弥父子は、こうした愛顧《あいこ》に甘えることなく精進、ことに他の猿楽や田楽《でんがく》などの芸風を積極的に取り入れ、独自の猿楽をつくり上げた。しかも観阿弥は「衆人愛敬《しゅにんあいぎょう》をもて一座建立《いちざこんりゅう》の寿福」とし、

「いかなる田舎、山里の片辺《かたほと》りにても、その心を受けて、所の風儀を一大事に懸け」ることを忘れなかったし、世阿弥も父の教えを守った。

しかし義満が没し、四代将軍の義持の代になると、世阿弥の立場は大きく変わった。義持が猿楽ではなく田楽を好み、「冷エニ冷エタ」芸風をもつ増阿弥《ぞうあみ》を重用したことで、世阿弥は全く放置されてしまうからである。

注目されることの一つは、その頃から観世座以外の〝中小〟猿楽者、岩童・十二五郎・梅若などの進出ぶりが目につくようになったことである。これは、世阿弥が将軍の寵を失ったことで、いわば世阿弥のテリトリーが侵されていったことを示している。

二つは、世阿弥の意識の変化である。目のたけた「貴人」義持を意識して猿楽の幽玄化を推し進めるなかで、あれほど衆人愛敬を基調に田舎・遠国の風儀を大事にしていた世阿弥が、名望を得るには都の褒美が大事であり、在国し田舎にいては悪い結果しか得られなくなる、とまでいうようになる（『花鏡』）。「衆人愛敬」にかわり、「貴人賞翫」をつよく意識するようになった世阿弥の視野から、田舎が消えて行く。

ところがそんな時期、田楽一辺倒だった義持が応永二十九年（一四二二）頃から猿楽に関心を向けはじめているのである。三月十日、前年に管領《かんれい》となった畠山満家《みついえ》邸において、四月一日には東洞院仙洞《ひがしのとういんせんとう》御所、同十八日には北野天満宮で、それぞれ猿楽を見、十月二十一日には妻日野栄子や子の義量《よしかず》とともに大炊御門《おおいみかど》河原での勧進《かんじん》猿楽興行に臨んでいる。この変化は猿楽を好んだ妻栄子の影響によるところが大きいというのが私の理解である。

応永三十一年（一四二四）四月、世阿弥の子・元雅が清滝宮の楽頭職に任じられている。不遇時代に三度ほど榎並座の代演をした実績を買われたこともあろうが、留意されるのは初日の四月十八日に禄物《ろくもつ》が寺家からだけでなく公方《くぼう》（将軍）からも与えられていることである。その額はわずかだが、のちの音阿弥の例に徴して、楽頭職補任が義持承認のもとに実現されたことを物語る。また地下《じげ》郷民からも禄物を出させているが、このたびの楽頭職任命を機にその額を定め置いたというから、この時の任用には特別の意味合いがあったと見られよう。二十日に菩提寺風呂に招じ入れられたのも、以前の奉仕者にはなされなかった待遇である。観世座の清滝宮楽頭職補任は、栄光の座への帰り咲きといわないまでも、少なくともそれへの足掛りを与えられた〝事件〟だったのだ。このまま推移すれば世阿弥父子には、将軍義持のあらたな庇護を得て、明るい未来が開けて行くに違いない。

だが、そうは行かなかった。世阿弥たちにとって不幸だったのは、義持がそれからわずかの年数で没したことである。

応永三十四年（一四二七）にも四月十七・十八日、元雅は清滝宮で恒例の神事猿楽を十二番奉納したが、この年はどうしたわけか二十一日にも清滝宮宝前で「別願」の猿楽を勤仕している。特別の願いとはなんであったのだろうか。これが最後となることを予感していたのであろうか。

年が明けて応永三十五年（正長《しょうちょう》元年（一四二八））正月十八日、将軍義持が没し、六代将軍の義教《よしのり》が立てられる。世阿弥父子が奈落の底に突き落される、これが悲劇のはじまりであった。

醍醐寺 文学散歩

名古屋外国語大学教授　蔵田 敏明

醍醐の花見といえば、つい思い浮かべてしまうのが、慶長三年（一五九八）三月十五日に豊臣秀吉が催した盛大な宴である。この時秀吉は、下醍醐《しもだいご》から上醍醐《かみだいご》にかけて続く参道に、七百本もの桜樹を移植、人生最後の花見をした。

それから時代は移りに移って、同じ桜の頃に、作家水上勉は醍醐の参道にいた。

太閤秀吉がこの世を去って、ざっと三百五十年後の、一九四四年（昭和十九年）の四月半ばに、私は、醍醐の三宝院前にきて、五重塔へ向う参道の石畳をはさんで満開だった桜樹に馬をつないだ。

『醍醐の桜』

この物語によると、二十六歳だった水上は、「当時、私は、伏見墨染町にあった陸軍の中部四十六部隊輜重輓馬隊《しちょうばんば》」に徴兵されていたのであった。行軍の途中で醍醐寺に立ち寄り、三十頭もの馬を引き連れての観桜だった。これより二年前の四月、俳人の阿波野青畝《あわのせいほ》が、醍醐の春を詠んでいる。

花の門豊太閤の紋扉　『國原』

三宝院を訪れると、秀吉の手によると伝わる庭園や建物が生々しくそこにあり、あらゆるところに五七桐紋を見る。歌人の川田順《かわだじゅん》は、表書院《おもてしょいん》の壮麗な障壁画四十面を見て歌を詠んでいる。

慶長の春の柳は描かれていまだ褪《あ》せざる緑を残す　『妻』
秀吉が花見るときは一日の遊びといえども史《ふみ》に値す　『同右』

桃山時代の秀吉の花見が強烈な印象となっているが、醍醐の花見の歴史はもっと古い。鎌倉時代末期の絵巻『天狗草子』（東寺本）には、醍醐の桜会が絢爛豪華に描かれている。柳田國男の弟子で、宗教民俗学者五来重《ごらいしげる》の解説によると、「醍醐の花見の起源をなす三月の法華会《ほっけえ》である」という。絵巻には、満開の桜の下で三人の稚児《ちご》が舞い、鉾が立ち並ぶなか、楽太鼓や鉦《かね》が打ち鳴らされている様子が細かに描写されている。

法華会（桜会）は、日本固有の鎮花祭が仏教法会化し、法華懺法《せんぼう》によつて疫神を鎮《しず》め、同時に各種の芸能をおこなう。いわゆる法華会の延年《えんねん》である。その中心が舞楽なので、いま満開の桜花の下で華麗な舞楽絵巻がくりひろげられている。

五来重『新修日本絵巻物全集二七』

桜会は、平安から鎌倉時代にかけて盛んに行なわれ、なかでも醍醐の桜会は有名だった。その起源を知って名句を詠むと、幾重にも深い響きとなるから不思議だ。

上下の醍醐の寺の桜がり　高浜虚子

鎌倉時代の説話集『古今著聞集《ここんちょもんじゅう》』にも、醍醐の桜会の話が記されている。増円法眼という人物が、桜会の時に舞楽鑑賞をせず、桜の木に鞠《まり》をぶつけるという礼儀知らずなまねをする。そして醍醐の法師に追っ払われるのであった。

此《この》増円、醍醐寺桜会見物の時、舞の最中に見物をばせずして、釈迦堂の前の桜の本《もと》にて、鞠をけたる程に、醍醐法師におひちらかされて、からきめ見たりけり。　『古今著聞集』巻第十六　五三三

醍醐の花見もさることながら、古今の作家の心を捉えて放さなかったのが、国宝五重塔の美しさである。仁王門をくぐって右手に見える塔のことで、高さ約三十八メートル。塔の頂に約十三メートルもの相輪《そうりん》をのせている。平安時代の作といわれ、京都に現存する建物のなかで、最も古いと伝わる。昭和四年（一九二九）に醍醐寺に訪れた与謝野晶子は歌に詠んでいる。

われあはれ古りし醍醐の塔にさへ丹朱《たんしゅ》の色の残れるものを

『落葉に坐す』

この五重塔は昭和二十九年から補修がなされ、同三十五年に落慶法要されている。その折のことを、川端康成は小説『古都』のなかに描いている。「春の花」という章で、主人公千重子と幼馴染の真一が平安神宮の神苑で語る場面である。

「この飛び石のならべ方も抽象かな?」と、真一は言った。
「日本の庭はみんな抽象とちがいますの? 醍醐のお寺のお庭の杉ごけのように、抽象、抽象て、やいやい言われてると、かえっていややけど……。」
「そうやな、あの杉ごけはたしかに抽象やな。醍醐の五重の塔は、修理がすんで、落慶式や。見にいこか。」
「新しい金閣寺みたいに、醍醐の塔もならはったんどすか。」
「あざやかな色に新しなったんやろな。塔は焼けてへんけど……。解体して、もと通りに組み立てたんや。その落慶式が、ちょうど花の盛りで、えらい人出らしい。」

『古都』

『古都』は、川端の鋭い鑑識眼を通して「日本のふるさと」を描いた小説である。右の引用は、字面を読むと醍醐の庭や塔を批判しているように見えるが、川端が指摘しているのは、アブストラクト(抽象的）という当世風のものの見方に対してである。批難どころか、花の盛りの頃に醍醐寺のことを話題にのぼらすのは、川端にとって非常に意味のあることであった。それは、先に記したように日本固有の鎮花祭が、醍醐の花見の起源だからである。醍醐の塔も然《しか》りで、川端以外にもこの塔を「日本の塔」と見ている作家がいる。井上靖である。

京都に宿をとった時は、醍醐に出掛けて行く。醍醐寺の塔を見たいからである。三宝院の前の道を、正面の山門に向かって歩いて行く。そして山門をくぐって、なお道なりに歩く。すると、突然大きな五重の塔が眼の前に現れて来る。相輪は塔の高さの三分の一ほどを占めて安定しており、いかにも重量感にみちた堂々たる風格である。各層の屋根は少しめくり上がって見えている。日本の塔である。（中略）山は日本の山であり、空も日本の空である。塔もまた、日本の塔以外の何ものでもない。（中略）これこそ紛う方なき日本の風景だと思う。　『塔』

塔の背後にそびえる山は、醍醐寺の開山理源大師（聖宝《しょうぼう》僧正）が修行をした修験《しゅげん》の山である。聖宝はたいそう豪放磊落《らいらく》な人物だったらしく、『古今著聞集』巻第二に雄運譚《ゆうこんたん》が記されている。それによると、十六歳で出家した聖宝は、東大寺で修学。そこに鬼神が住むといわれる部屋があり、誰も住んでいなかったところ、大師はほかに住むところもなかったのでそこで暮らした。

鬼神さま〴〵の形を現じけれども、かなはで終に去《さり》にけり。

『古今著聞集』巻第二　四一

とあるように、聖宝はまったく怯えることなく、反対に鬼神のほうで根負けしてしまったというのである。

その聖宝が、上醍醐のある笠取山《かさとりやま》にはじめて登った時、翁の姿に身を変えた地主神《じぬしのかみ》、横尾明神が現れた。翁は、落ち葉の下に湧き出る霊水で喉を潤すと「醍醐味なるかな」という感嘆の声をもらし、聖宝に霊水の在処を教えたと伝わる。

学生時代から醍醐寺に足繁く訪れていたという井上靖は、昭和五十一年に刊行の『古寺巡礼 京都 3 醍醐寺』で醍醐寺の随筆「塔・桜・山上の伽藍」を書くにあたり、はじめて上醍醐に登っている。「私はいま、上醍醐を、もっと早く見るべきだったと思っている」という。その理由として、「醍醐寺草創に関する縁起、伝説があるが、そうしたものが、実際に上醍醐の山に立って考えてみると、極めて自然に受け取ることができるから不思議である」とある。また、次のようにも述べている。

……上醍醐の地全体が、霊気と言うか、山気というか、信仰の地にふさわしい特別なものを持っているのを覚える。山の心か、自然の心か知らないが、ともかく邪念の吹き払われてしまうのを感ずる。

「塔・桜・山上の伽藍」

高さ四百五十四メートル、山頂までの道のりは険しく、霊験あらたかな山岳寺院である。行く道の途中、ふと吉井勇の歌が思い出される。

ひとりする行《ぎよう》を楽しとおもひつつ醍醐山路の嶮《けわ》しきを踏む　『朝影』

吉井勇は醍醐におもむくと、三宝院などで庭園拝観することなく、直ちに上醍醐を目指す。昭和十六年九月のこの時も、ひとりで上醍醐まで登っている。

あへぎあへぎ嶮しき山路ゆくこともわがうつしみの行と思はむ　『同右』
あしびきの山より湧ける水うまし遊行者《ゆぎようしや》われも咽喉《のんど》うるほす　『同右』

修験の道を歩いた者だけが実感できる清々しい空気である。

醍醐の花見

大名庭園への序曲――

国際日本文化研究センター教授
白幡　洋三郎

慶長三年（一五九八）三月十五日、豊臣秀吉が京都醍醐寺で催した花見は、日本史上最も豪華で盛大な花見であったといわれる。秀吉の正室・側室とその侍女、そして秀吉側近の武将の妻女たちをなんと千三百人も招き、贅を尽くした絢爛たる花見の宴であった。

秀吉は花見の準備のため、みずから二度も醍醐寺を訪れて直接指揮を執った。諸建築の修理や庭園の改造、山道の開削や休憩施設などの配置、すなわち花見会場全体のデザインまで指図した。花見にかける意気込みのほどが感じられる。

五重塔の修理が始められたのはすでに前年のことで、秀吉はその後三宝院《さんぼういん》の寝殿の新築を命じ、庭園の指図も行なっている。名石「藤戸石《ふじといし》」が聚楽第から運び込まれたのもこのときだ。秀吉はこのような新築・改修のため、醍醐寺に莫大な金を寄進している。

五重塔や三宝院など秀吉が大改修した伽藍一帯は「下醍醐《しもだいご》」と呼ばれるが、ここから山手「上醍醐《かみだいご》」に至る山道を花見会場の園路とするため、秀吉は途中の「槍山《やりやま》」まで畿内各地から桜七百本を集めて新た

醍醐花見図屏風　重文　国立歴史民俗博物館蔵

に植えさせた。さらに近習の奉行らには趣向を凝らした八カ所の茶屋・仮店を建てるよう命じた。

一方、女たちが着る衣装を島津氏に負担させた。参加する女たち千三百人の二回の着替え、つまり二度「お色直し」ができるよう、一人あたり小袖・帯・髪飾りを三組ずつ、合計三千九百着の用意をさせたのである。島津家の出費は莫大なものとなった。女たちを花見の宴に招くといっても一時的に人質に取るようなものであり、各種の負担によって大名たちの忠誠心を計る催しでもあった。

盛大で華麗な花見の裏にあった警護のものものしさも史上最大かもしれない。会場周辺、五十町四方の醍醐の

山々に、弓・槍・鉄砲などを装備した二十三カ所の警固所が設けられた。集合場所である伏見から花見会場の醍醐に至るルートは、小姓《こしょう》・馬廻衆《うままわりしゅう》が警護し、道ざわには柵がつくられていた。会場は砦と化し、「見物群衆」は一切入ることができず、柵や虎落《もがり》が幾重にも構えられていたという。これは花見の女たちに随行した奉行太田牛一《おおたぎゅういち》が『太閤さま軍記のうち』に記している。

慶長三年三月十五日、当日は前日までの激しい風雨がやみ、花曇りの日となった。翌日はまた雨になったからじつに幸運というほかない。その中を秀吉は北政所《きたのまんどころ》、淀殿《よどぎみ》ら妻妾を引き連れて桜の下、会場山内各所に設けられた茶屋や仮店を巡り歩き、飲み食べ、皆と歌を詠んだ。花見の席で詠まれた歌の短冊百三十一枚が醍醐寺に遺されている。
女たちはきらびやかに着飾った衣装を途中で二度も着替える。仮店では売り子を用意して彼女らに一種の買い物ごっこを楽しませる。茶屋には各地の銘酒が用意され、お茶も点《た》てられる。興に乗った皆が歌を詠む……。

警護のものものしさから、民心を離れた秀吉の独裁性や権力基盤への不安感を指摘する説、また女房衆の花見だから警護は当たり前との反論もこれまで出されてきた。が、とりあえずの開催の趣旨とは、親しい者、気に入った者を引き連れた秀吉の花見の「御成《おなり》」というべきだろう。

秀吉は醍醐の花見を催す四年前、文禄三年（一五九四）二月二十五日に吉野山で花見を行なっている。関白秀次《ひでつぐ》、宇喜多秀家《うきたひでいえ》、伊達政宗《だてまさむね》ら有力な大名衆や公家の菊亭晴季《きくていはるすえ》らを引き連れて大坂城から吉野に向かい、花名所を巡り歩いたのであるが、この時の花見でも吉野山の各所に館が設けられ、茶席が用意されていた。秀吉は小早川秀秋《こばやかわひであき》が建てた館に目をとめ、茶席に座って、もてなされた食事を楽しんだ。花見は自然を庭園に見立ててこれを回遊する楽しみだったと考えてよい。花の咲く山の各所に茶店を建て、回遊しながらこれらを巡って茶や酒を飲み、話に花を咲かせ、歌を詠み、踊りや芝居を楽しむといった趣向である。

「醍醐の花見」は、「吉野の花見」の延長上に生まれたアイデアであろう。笠取山《かさとりやま》と呼ばれる醍醐山の麓から山腹に至る広大な醍醐寺の境内を用いて楽しむ花見である。醍醐山全山は秀吉の「設計」による「花見庭園」になっていたのだ。

今年の夏の終わりの一日、上醍醐への道を辿ってみた。下醍醐の一番奥に当たる女人堂から先はじつに山中の道といった感じで、勾配《こうばい》はきつい。これが花見の遊興の道だろうかと疑う。じっさい当時の道はどのあたりを通っていたのか、花見の茶屋はどのあたりに建てられていたのかはわからないのである。山道は細く、たとえ小さな茶屋だとしても道沿いに建てる余地はほとんどなさそうに思えた。

やがて比較的平坦な場所に出るがこれが槍山で、ここには八つの花見茶屋のうちの五番目と六番目の二つの茶屋が建てられていたのではないかと考えられている。慶長三年の花見の当日、ここからは桜に埋まる五重塔や三宝院のある下醍醐が見渡せたというが、今ではシイやカシなどの樹木に覆われて遠くを見通せない。

その後半年もせぬうちに死を迎えることになる秀吉は、女たちとともに槍山までの往きと還りの道を花に浮かれ酒に酔い、上機嫌で歩き通したという。園路の整備も茶屋のしつらえもよほど見事にできていたのであろうか。

醍醐の花見はその後、江戸時代に生まれる民衆的な花見に対する最後の権勢の花見である。そして同じく江戸時代に生まれることになる回遊式の大名庭園への序曲でもある。御成に備えてつくられ、茶屋や仮店での接待や余興で客を楽しませる大名庭園の原型は、醍醐の山で生まれたのである。

醍醐寺三宝院の庭園

――京都造形芸術大学教授　尼﨑博正

三宝院《さんぼういん》の庭園は、その華麗な石組と池の南岸中ほどに毅然と立つ名石・藤戸石《ふじといし》が印象深い。そこには、自ら縄張りをした豊臣秀吉の熱い思い、秀吉亡き後二十数年にわたって作庭を継続した醍醐寺座主《ざす》・義演准后《ぎえんじゅごう》の執念、そして最高の技術を駆使して石組みにたずさわった庭者《にわのもの》・仙、与四郎、賢庭たちの美意識が秘められている。

その構成美や造形美とともに、義演が慶長元年（一五九六）から亡くなる寛永三年（一六二六）までの約三十年間にわたって克明に書き続けた『義演准后日記』によって作庭経過が明らかになり、庭園の成り立ちが浮き彫りにされていることも極めて意義深い。

桃山から江戸初期へかけての日本庭園の興隆期に多くの名庭が生み出されたが、なかでも三宝院庭園がひときわ高く評価され、数少ない国の特別史跡・特別名勝に指定されているのも頷けよう。

秀吉による作庭

慶長三年（一五九八）二月九日、花見の下見のために醍醐を訪れた豊臣秀吉は金剛輪院（現・三宝院）

の改修を目論《もくろん》んだ。それは翌慶長四年に後陽成《ごようぜい》天皇の行幸を計画していたからにほかならない。二月二十日に再び金剛輪院を訪れた秀吉は、自ら縄張り(現地で地割をきめること)を行ない、聚楽第から名石「藤戸石」を移すよう命じたのである。

三月十五日の花見の後、四月七日から作庭に着手、庭奉行・新庄越前守らによって縄張りが行なわれた。翌八日に庭者・仙が三百人の手によって大石を引き入れ、九日には聚楽第から運び込まれた藤戸石を主人石として庭の中心に据えたほか、大石三個を立てるという段取りの良さである。

作庭に支障のある建物を撤去して池を掘り拡げるなど、その後も工事は

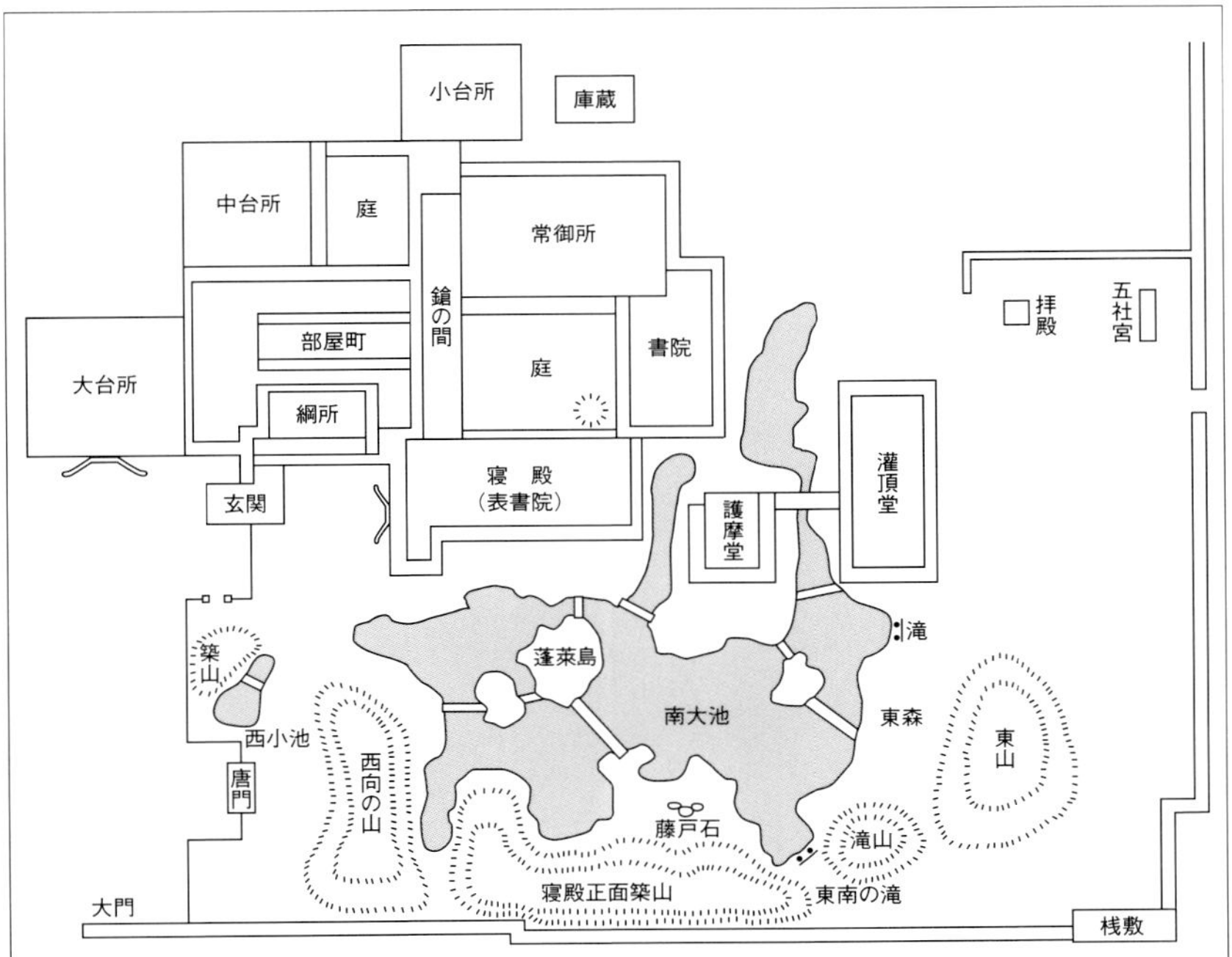

義演復興三宝院殿堂庭園完成想定図
(藤井恵介氏作成、岩波書店刊『醍醐寺大観　第三巻』より)

順調に進められ、五月七日に初めて滝に水を落している。作庭が終了したのは五月十三日、十九日に鯉や鮒を移し入れ、二十五日には池水が満々と湛えられていた様子が日記に見える。その間わずか三十六日という、まさに突貫工事であった。

それから三カ月後の慶長三年八月十八日に秀吉は六十三年の生涯を閉じるが、金剛輪院の再興工事は続行され、同年十二月に寝殿（現・表書院）、書院、常御所《つねごしょ》、護摩堂、灌頂堂《かんじょうどう》、台所など主要な建築がほぼでき上がる（119頁図参照）。

義演と庭者たち

慶長四年（一五九九）から始まる義演の作庭は常御所南庭が主で、庭者・与四郎によって行なわれた。興味深いのは富士山形に築山をつくって白苔を伏せ、雪を表現するという巧妙な手法。白苔とはホソバオキナゴケなどシラガゴケの仲間であったにちがいない。それらはもともと灰白色のうえ、空気が乾燥すると葉緑素を含まない透明細胞から水を放出して、より一層白っぽく見えるからである。

慶長七年（一六〇二）には灌頂堂の西、および護摩堂と寝殿との間に池が掘り入れられるなどの大工事が行なわれたが、注目したいのは、園池の石橋として旧灌頂院滝組の「海石」が使われていることである。この海石こそ、紀州などから運ばれてきた結晶片岩《けっしょうへんがん》（青石）にほかならない。海石を他の庭園から転用している事実は、当時名石の名をほしいままにしていた結晶片岩を手に入れることがいかに困難であったかを物語っているといえよう。

この時、後陽成院から「天下一の上手」と讃えられた賢庭の名がはじめて登場する。以後、元和九年（一六二三）までの二十一年間、賢庭は金剛輪院の作庭に携わることになるのだが、苦心の末、園池の東南隅に現在見られる三段の滝を完成させたのは元和元年（一六一五）のことであった。ちなみに、賢庭は寛永六年（一六二九）から同九年にかけて作庭が行なわれた南禅寺塔頭金地院《こんちいん》でも、小堀遠州の配下でその腕を発揮することになる。

三宝院庭園　藤戸石

庭石の蒐集と藤戸石

三宝院庭園の庭石は、チャートとよばれる岩石が全個数の六十パーセント余りを占め、次いで頁岩《けつがん》が多い。これらの庭石のほとんどは近在の金剛輪院領（醍醐・西笠取《かさとり》・勧修寺《かんしゆうじ》）および醍醐寺領（炭山《すみやま》・日野）から当地の人夫を使って運ばれてきたものである。例外は五十四石を数える結晶片岩。これら名石の誉れ高い結晶片岩は石橋のほか、表書院の正面近くに集中して配置されている。

さて藤戸石だが、永禄十二年（一五六九）に織田信長が細川氏綱《うじつな》邸から二条第へ、天正十四年（一五八六）に秀吉が二条第から聚楽第へ移したという名石である。採集地は岡山県倉敷市藤戸と伝えられ、その跡地には「浮洲岩」、裏面に「正保二年」と刻まれた石標が建っている。しかし、周辺の地質は花崗岩《かこうがん》類と流紋岩《りゆうもんがん》でできており、変輝緑岩《へんきりよくがん》の藤戸石が浮洲岩である可能性は全くない。おそらくは結晶片岩の海石が珍重されはじめる室町中期頃、三波川《さんばがわ》変成帯から運ばれてきた結晶片岩の中から選び出されたと考えるのが妥当であろう。

三宝院庭園の護岸構造
突き固められた地盤に据付けられた護岸石（東中島）

特異な護岸石組の構造

近年、園池の護岸石組が弛んで崩壊するなど早急に修復する必要が生じたため、平成十四年（二〇〇二）度から発掘調査に基づく修理工事が行なわれることになった。その過程で明らかになったのが護岸石組の特異な構造である。

普通なら根石の上に護岸石を据えるのだが、三宝院庭園では段状に突き固められた土の上に直接、護岸石が置かれているのである。人海戦術で対応できるこの工法なら、土台づくりを短時間で行なうことが可能になるとともに、護岸石の最終的な高さ調整も極めて容易である。僅か三十六日という短い施工期間の謎の一つはここにあった。一夜城を築いた秀吉ならではのことである。

醍醐寺の文化財

京都造形芸術大学助教授　石川　登志雄

醍醐寺の創建は、平安時代中期の貞観《じょうがん》十六年（八七四）に理源大師聖宝《しょうぼう》が笠取《かさとり》山頂に一庵を営み、翌々十八年に如意輪・准胝《じゅんてい》観音像を安置するための堂舎を建立したことに始まる。これが山上伽藍、いわゆる上醍醐《かみだいご》である。さらに延喜《えんぎ》七年（九〇七）に醍醐天皇の帰依を受けて御願寺となり平地にも伽藍が整備された。これがいわゆる下醍醐《しもだいご》である。その後、幾度となく火災や兵火に遭ったが、十六世紀末から十七世紀初頭にかけて座主《ざす》義演准后《ぎえんじゅごう》の時代に、豊臣家の援助を受けて大いに復興し、現在見るような姿になった。爾来《じらい》、真言宗醍醐派の総本山として、また聖宝が山岳修行を重視し大峯山《おおみねさん》・金峰山《きんぷせん》に対する信仰が厚かったことから、真言密教や山岳修験《しゅげん》関係を中心とする数多くの文化財を今日に伝える。国指定を受けている文化財の数は、本山では国宝十七件、重要文化財百二件、醍醐寺の最高権威者である座主の住する三宝院《さんぼういん》では国宝二件、重要文化財二件となっている。

これを文化財のジャンル別に見ると、本山では建造物六棟一基（うち国宝三棟一基）、絵画三十二件（うち国宝六件）、彫刻十八件（うち国宝一件）、書跡（典籍・古文書を含む）三十九件（うち国宝五件）、工芸品八件となっており、三宝院では建造物八棟一基（うち国宝二棟）、絵画一件となっている。

この他、醍醐寺全域は国の史跡、三宝院庭園は国特別史跡・特別名勝となっており、平成六年（一九九四）にユネスコの世界遺産「古都京都の文化財」十六社寺の一つに登録された。国指定文化財以外にも数多くの未指定文化財があり、特に全八百余函に及ぶ膨大な聖教《しょうぎょう》・古文書類は、大正三年（一九一四）から東京大学の黒板勝美《くろいたかつみ》博士の指導により目録作成のための調査が進められ、現在でも醍醐寺文化財研究所の手により調査が続行している。

古代の政変や南北朝の動乱や応仁・文明の乱、あるいは江戸時代の大火や政変は、時に洛中やその周辺の寺社に対して甚大な被害を及ぼさずにはおかなかった。醍醐寺においてもそれらの災禍から無縁ではあり得なかったが、歴代座主や僧侶等の尽力により、日本有数の文化財を保有する寺院として、建造物や美術工芸品の数々を現在まで大切に護り伝えている。

■建造物

醍醐寺の伽藍建造物は大きく、上醍醐（国宝二棟・重文二棟）・下醍醐（国宝一棟一基・重文一棟）及び下醍醐伽藍内の三宝院（国宝二棟）の建物に分けることができる。このうち醍醐山の峻険《しゅんけん》な地形に発展した上醍醐伽藍には懸崖造《けんがいづくり》（懸造《かけづくり》）の建造物が多い。

平安時代に建立されたもので国宝建造物が四棟ある。下醍醐には承平《じょうへい》元年（九三一）に発願され、天暦《てんりゃく》五年（九五一）に完成した三間四方《さんげんしほう》、本瓦葺の五重塔がある。京都において建立年代の明らかな建造物として最古のものである。安定感のあるその優美な姿はまさに醍醐寺の至宝といえよう。

平安時代後期の延長四年（九二六）に創建された初期の金堂は、永仁三年（一二九五）に再建されたが、文明二年（一四七〇）に兵火によって再度焼失し、現在のものは豊臣秀吉が紀州（和歌山県）湯浅《ゆあさ》の満願寺本堂を移築したもので、桁行《けたゆき》七間・梁間《はりま》五間、一重入母屋造《いちじゅういりもやづくり》・本瓦葺で、棟札《むなふだ》によって慶長五年（一六〇〇）に紀州湯浅より移築されたことがわかっている。

上醍醐の薬師堂と金堂は、平安時代初期と後期の密教寺院仏堂の形式・規模をよく伝えるものとして、建築史上重要なものである。

次いで下醍醐から登って上醍醐伽藍のはじめの建造物が、永享六年（一四三四）に建立された清滝宮の拝殿である。懸造で一重入母屋造、檜皮《ひわだ》葺で、特に意匠的に見ると公家住宅風に仕上げられているのが珍しい。

拝殿の奥には、薬師三尊像（国宝、現在は霊宝館に安置）を安置する保安二年（一一二一）に建立された薬師堂がある。この薬師堂は桁行五間、梁間四間、一重入母屋造、檜皮葺の堂々たるもので、平安時代初期の礼堂《らいどう》を持たない仏堂の特色をよく示している。

重要文化財の建造物のうち、室町時代の遺構として、下醍醐にある永正十四年（一五一七）に建立された三間社流造《さんげんしゃながれづくり》、檜皮葺の醍醐寺一山の鎮守社清滝宮本殿がある。

また、如意輪堂と聖宝を祀る開山堂は桃山時代の建立になるもので、ともに上醍醐伽藍の中にある。如意輪堂は、慶長十一年（一六〇六）に建立されたもので、懸造、桁行五間・梁間三間、一重入母屋造の堂である。開山堂は慶長十三年に建立されたもので、桁行八間・梁間五間、一重入母屋造の堂である。

下醍醐伽藍内には座主の住房である三宝院がある。三宝院は門跡寺院として皇室・摂関家などの有力子弟が座主の地位に就《つ》く習わしがあったため、住房も公家住宅風の趣を持つ。三宝院殿舎は、国宝の表書院一棟と重要文化財の玄関・勅使の間・宸殿《しんでん》・庫裏《くり》・純浄観《じゅんじょうかん》・護摩堂《ごまどう》の六棟からなる。また桜の馬場に面して国宝の唐門を開く。

また、木造建造物以外では重要文化財の宝篋印塔《ほうきょういんとう》が菩提寺境内にある。醍醐寺南方にある菩提寺は鎌倉時代末期から南北朝時代に座主となった賢俊《けんしゅん》大僧正が開いた寺で、醍醐寺歴代座主の墓所となっている。塔の造立時期については、形式から鎌倉時代後期とする説と、賢俊の墓塔であるとして南北朝時代中期とする説がある。

■絵画

言葉では表わせない密教の真理や奥義を象徴的に表現する手段として、真言宗や天台宗の寺院では修法の際に密教絵画が重要な位置を占める。醍醐寺に伝来する絵画類は、真言密教に関する仏画や図像が多数を占め、すべての仏教尊像が揃っていると言っても過言ではないが、なかでも明王《みょうおう》部の尊像画が多いのが特色である。創建の古さの割には平安時代の制作になる絵画は少なく、五重塔の壁画、金剛夜叉《こんごうやしゃ》明王・大威徳《だいいとく》明王及び一部の図像を除いて、ほとんどが鎌倉時代のものである。

国宝の絵画には五重塔の建立と同時期に描かれた塔の初重の板絵著色の壁画十八面がある。初層の心《しん》柱《ばしら》を取り巻く覆板《おおいいた》と羽目板《はめいた》には両界曼荼羅、他の羽目板には真言八祖《しんごんはっそ》が描かれる。また、鎌倉時代に描かれた五大尊像は各尊を一幅ずつ大幅に描いたもので、その大きさといい、躍動感溢れる迫力のある表現といい、見る者を大いに圧する。この他に宋画《そうが》の影響を顕著に受けた文殊渡海《もんじゅとかい》図、貴人の安産祈願のために描かれたと推測される訶梨帝母《かりていも》像（鬼子母神《きしぼじん》）や閻魔天《えんまてん》像などがあり、また仏教説話に基づいた

三宝院勅使の間襖絵「竹林花鳥図」　重文　桃山時代　紙本著色

絵巻物として奈良時代の制作になる「絵因果《えいんが》経」一巻が唯一完全な状態で伝来している。

重要文化財の絵画では、平安時代の制作になるのは金剛夜叉明王像と大威徳明王像の二件で、ともにやわらかで美しい賦彩《ふさい》が特徴である。鎌倉時代の仏画は多く、なかでも大元《だいげん》帥《すい》明王三幅をはじめとする、大元帥法に用いられた諸尊像は、最大で縦三・四メートル、横二・二メートルを越える大幅で国宝の五大尊像に劣らぬ迫力がある。また、平安時代から鎌倉時代にかけて描かれた密教図像集三十九点（二十九幅・十八巻）、「十巻抄」十巻および不動明王図像五幅は、著彩のない紙本墨画のいわゆる白描《はくびょう》図像で、本格的な密教仏画を描く際の手本となるものである。

密教絵画ではないが、密教寺院における灌《かん》頂《じょう》儀式の際の法具調度として用いられた絹本

著色「山水屏風《せんずいびょうぶ》」（六曲一双）がある。さらに桃山時代狩野派の制作になる若武者の乗馬風景を描いた六曲屏風「調馬図」の他に、醍醐寺と深い関係にあった俵屋宗達《たわらやそうたつ》の筆になるものとして金地著色「舞楽図」、金地著色「扇《せん》面散《めんちらし》図」（ともに二曲屏風）および墨画「芦鴨図」が特筆されよう。

醍醐寺座主の住坊である金剛輪院（三宝院殿堂）には七十二面の障壁画がある。このうち慶長三～四年（一五九八～九九）に造営された表書院には、松柳・柳草花《やなぎくさばな》・果子・四季山水などを描いた障壁画四十面、慶長十八年に造営の勅使の間の秋草の間には、竹林花鳥図や秋草などを描いた障壁画三十二面がある。これらは豊臣秀吉によって伽藍の再興が図られた際に描かれたもので、桃山時代の長谷川等伯一派の制作になるものであろう。

■彫刻

彫刻ではまず第一に、上醍醐薬師堂の本尊である半丈六《はんじょうろく》の国宝木造薬師如来とその両脇侍像を挙げなければならない。これらは聖宝の発願になり、没後弟子の観賢《かんげん》によって延喜十三年（九一三）頃に完成をみたもので、醍醐寺創建時像と推定されている。造像を担当したのは同じく聖宝の弟子会理《えり》僧都《そうず》とされる。

醍醐寺にはこの他に重要文化財として閻魔天像・帝釈天《たいしゃくてん》騎象《きぞう》像・吉祥天《きちじょうてん》像・聖観音《しょうかんのん》立像・阿弥陀如来坐像・如意輪観音坐像（もと上醍醐の清滝宮安置）・西大門安置の金剛力士立像・五大明王像・不動明王坐像・千手観音立像・阿弥陀如来坐像（銅造）など、平安時代の造立になる彫刻が多く遺る。この点は絵画の多くが鎌倉時代以降の制作になるものと大いに異なっている。このうち聖観音立像は醍醐寺創建以前の九世紀制作になるもので、用材はカヤによる代用檀像の典型的な一例である。大日如来坐像も醍醐寺創建時期か、あるいはそれをややさかのぼるのではないかと推定されている。また金剛力士像は、胎内銘により長承三年（一一三四）、仏師勢増・仁増によって制作されたことがわかるもので、鎌倉時代の仁王像の多くが筋肉隆々の抑揚の効いた造像であるのに比べ、大きな頭部と優しい体軀表現はいかにも京都の貴族好みのものである。

鎌倉時代の彫刻では、運慶と並ぶ巧匠、安阿弥陀仏快慶作の二像がある。その一は三宝院に安置されている弥勒菩薩坐像である。膝裏の朱漆銘から建久三年（一一九二）に権僧正《ごんのそうじょう》勝賢が願主となって八月五日に彫り始め、十一月二日に開眼供養が執行されたことがわかる。快慶初期の代表的作品である。もう一つは建仁三年（一二〇三）五月四日巧匠安阿弥陀仏の銘のある不動明王坐像である。醍醐寺に快慶作の仏像が存在する理由は、源平争乱後の東大寺の復興に尽力のあった俊《しゅん》乗《じょう》坊《ぼう》重源《ちょうげん》が醍醐寺の出身であることと無関係ではない。

この他にも鎌倉時代の制作になる金堂安置の薬師如来および両脇侍像、地蔵菩薩立像、開山堂安置の理源大師（聖宝）坐像などがある。

■工芸品

醍醐寺は真言密教の中核寺院の一つとして、現在に遺る工芸品の多くは平安時代以来の密教の修法の際に用いられた法具類が多い。なかでも金銅仏具四箇のうち如意《にょい》・五鈷鈴《ごこれい》・金剛盤は平安時代後期から

大日如来坐像（金剛界）
平安時代　真如三昧耶堂安置　木造　像高61.0cm

螺鈿如意　重文　平安時代　総長59.4cm

鎌倉時代の制作になるもので、九鈷杵《くこしょ》は中国宋代ごろの制作になるものである。醍醐寺にはもう一つ、平安時代の作になる宝相華文《ほうそうげ》を表わした螺鈿《らでん》如意がある。

また密教修法の際に伝法灌頂の戒律文などを入れるための鍍金輪宝羯磨《ときんりんぼうかつま》文戒体箱や、同じく修法の際の式次第などを納める沃懸地《いかけじ》螺鈿説相箱一双があり、いずれも鎌倉時代の制作になるものである。さらに修法の際や礼拝の対象に用いるもので、中国唐代制作になる線刻如意輪観音等鏡像、平安時代制作の線刻阿弥陀五尊鏡像がある。

なお、上醍醐の清滝宮拝殿内には「弘安八年十月五日　沙弥蓮□」の銘文のある鎌倉時代の石灯籠がある。

■書跡

国宝指定を受けている書跡は五件である。これらは、わが国を代表する真言宗の高僧の筆跡と、歴代のなかで最も真言宗に帰依してこれを保護した天皇の真筆（宸翰《しんかん》）であり、いずれもわが国の書道史上にも名筆として評価されるものばかりである。

真言宗の宗祖である弘法大師空海の真筆とされるのが弘法大師筆の大日経開題と狸毛筆《りもうひつ》奉献表である。大日経開題は唐の高僧一行が著述した「大日経疏《だいにちきょうしょ》」の要文を空海が長期にわたり抄出したもので、その書風は仁和寺蔵の国宝「三十帖冊子《さんじゅうじょうさっし》」の空海自筆部分に合致する。また狸毛筆奉献表は、寛永二年（一六二五）座主義演の奥書により同じく弘法大師筆と伝えるもので、三筆の一人空海が中国での筆作りに倣って狸毛によって四種の筆を作らせて嵯峨天皇に献じたときの上表文である。

延喜七年（九〇七）六月二日付けの開山理源大師筆処分状は、弟子延敞《えんじょう》を醍醐寺別当《べっとう》職に任ずるにあたっての処分状である。聖宝の筆跡は遺存極めて稀であり、当時真言密教諸派の頂点に立った高僧の精力みなぎる十世紀初頭のわが国を代表する名筆の一つであろう。

後宇多《ごうだ》天皇宸翰当流紹隆教誡《とうりゅうしょうりゅうきょうかい》は、天皇が醍醐寺報恩院の憲淳に三宝院正流（小野流）の伝授を懇請した三通の書状である。真言密教に厚く帰依して自らも出家して伝法灌頂を授けられた天皇が、当時小野・広沢（嵯峨遍照寺）二流に分かれていた真言密教相の統合を目指した際のものである。

臘箋紙《ろうせんし》に書された後醍醐天皇の宸翰になる天長印信《いんじん》は、天長三年（八二六）に真言宗の開祖空海が弟子の真雅《しんが》に真言宗における灌頂儀式の秘法を伝授した際の証である印信を、のちに後醍醐天皇が当時中国宋から渡来した臘箋紙に書写したもので、その書風は雄渾《ゆうこん》にして豪快である。

以上は、単に国宝あるいはわが国書道史上における名品であるというばかりではなく、醍醐寺におけ

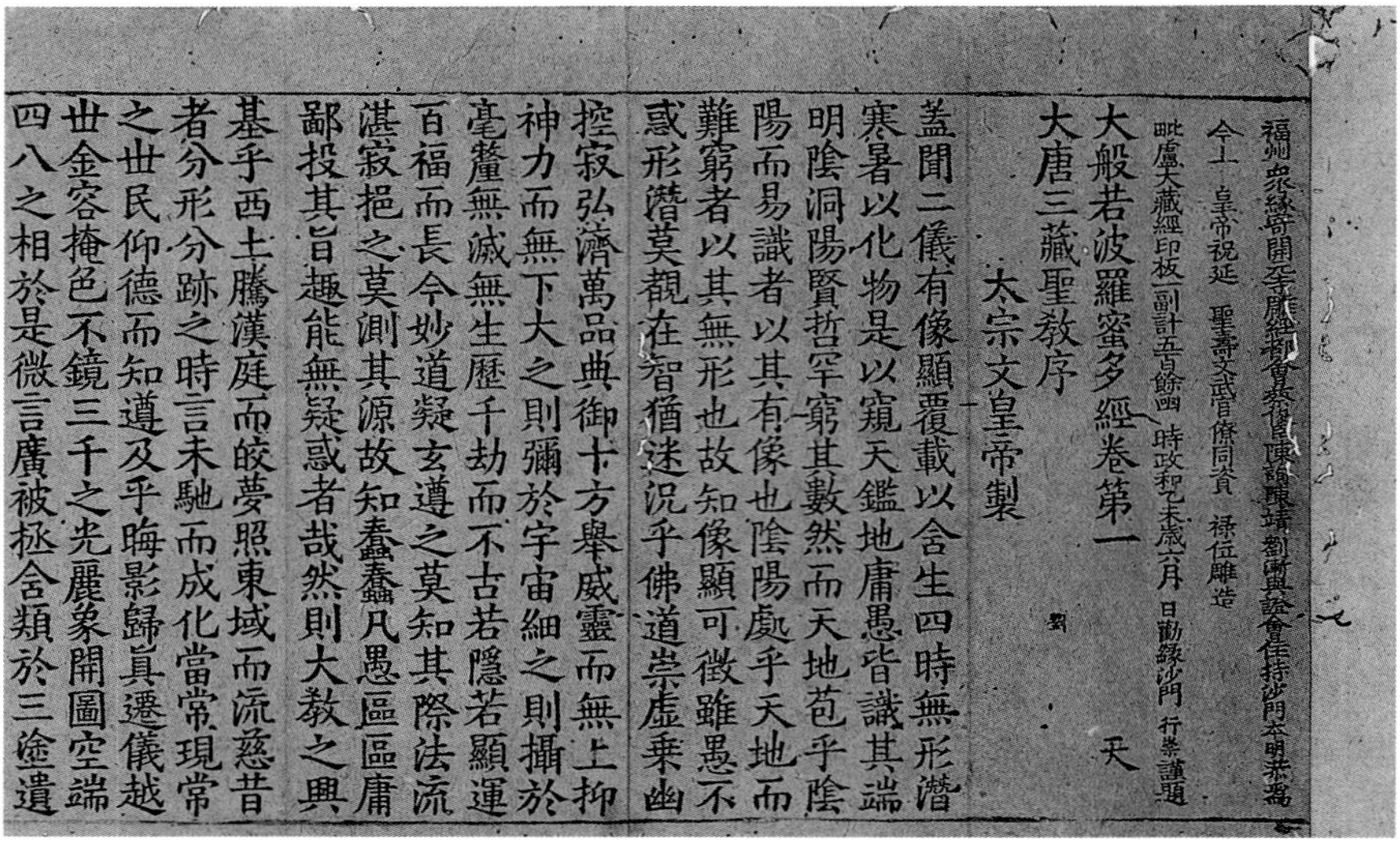

福州衆緣寄開元寺雕經都會蔡俊臣陳詢陳靖劉漸與證會住持沙門本明恭爲
今上皇帝祝延　聖壽文武官僚同資　禄位雕造
毘盧大藏經印板一副計五百餘函　時政和己未歲六月　日勸緣沙門　行崇謹題
大般若波羅蜜多經卷第一　天
大唐三藏聖教序　劉
太宗文皇帝製
蓋聞二儀有像顯覆載以含生四時無形潛
寒暑以化物是以窺天鑑地庸愚皆識其端
明陰洞陽賢哲罕窮其數然而天地苞乎陰
陽而易識者以其有像也陰陽處乎天地而
難窮者以其無形也故知像顯可徵雖愚不
惑形潛莫覩在智猶迷況乎佛道崇虛乘幽
控寂弘濟萬品典御十方舉威靈而無上抑
神力而無下大之則彌於宇宙細之則攝於
毫釐無滅無生歷千劫而不古若隱若顯運
百福而長今妙道凝玄遵之莫知其際法流
湛寂挹之莫測其源故知蠢蠢凡愚區區庸
鄙投其旨趣能無疑惑者哉然則大教之興
基乎西土騰漢庭而皎夢照東域而流慈昔
者分形分跡之時言未馳而成化當常現常
之世民仰德而知遵及乎晦影歸真遷儀越
世金容掩色不鏡三千之光麗象開圖空端
四八之相於是微言廣被拯含類於三途遺

宋版一切経（全6,096帖　折本装　版本）　大般若波羅蜜多経第一巻首の部分　北宋時代
縦29.5cm　横11.2cm

宋版一切経　経箱

る信仰の核心をなすものとして重要視されてきたものである。

醍醐寺座主は歴代学僧が多く、また自ら筆を執って日記を書き残すことも多かった。南北朝時代に二巻の日記を残した第六十五世座主賢俊《けんしゅん》大僧正（一二九九〜一三五七）、応永三十年（一四二三）から永享七年（一四三五）まで三十八冊を残した第七十三世座主満済《まんさい》准后（一三七八〜一四三五）、桃山時代から江戸時代にかけて六十二冊の日記を書いた第八十世座主義演准后（一五五八〜一六二六）らがおり、これらは単に醍醐寺内の事歴を記したものではなく、当時の公武両勢力の情勢や政治・社会・文化・外交全般にわたる記事を書き残し日本史研究上の重要文献となっており、いずれも重要文化財に指定されている。

醍醐寺は真言密教の修行の場として、また密教学の学問道場として、座主に限らず多くの学僧を育んだ。仏教経典やその解釈、修法の儀軌《ぎき》や作法、さまざまな伝授などを書物に認めたものをまとめて聖教《しょうぎょう》というが、醍醐寺には宋版一切経六千九十六帖をはじめとする数多くの典籍類が伝来している。また、醍醐寺の歴史を物語る平安時代以来の多くの古文書類が保存されている。

醍醐花見短籍《たんざく》は、慶長三年（一五九八）三月十五日に豊臣秀吉が秀頼・淀君ら一族をはじめ近臣数百名を集めての醍醐の花見を催した当座に、参集者が詠んだ和歌の短冊を一冊に仕立てたものである。

醍醐寺の聖教・古文書類は、醍醐寺文化財研究所の調査と平行して、現在文化庁が中心になって指定調査が続けられており、調査の終了したものから順次文化財指定が行われている。近い将来、全点の調査終了とその指定・公開が図られることであろう。

八七四	貞観一六	六月、聖宝、山上に草庵を結ぶ。
八七六	一八	六月、聖宝、准胝観音・如意輪観音を完成、堂宇に安置する。
九〇七	延喜　七	醍醐寺、御願寺となる。薬師堂建立、薬師三尊像造立する。
九〇九	九	七月、聖宝入寂する。
九一一	一一	観賢、上醍醐御影堂を建立する。
九一九	一九	座主以下十役僧を置き、九月、観賢を醍醐寺第一世座主に補する。
九二五	延長　三	六月、第一世座主観賢入寂する。
九二六	四	下醍醐釈迦堂成り、本尊の開眼供養を行なう。
九三〇	八	九月、醍醐寺本願の醍醐天皇が崩御、御陵を笠取山西方に築く。
九四九	天暦　三	三月、朱雀天皇の御願により清涼殿の古材をもって下醍醐に法華三昧堂を建立する。
九五一	五	五重塔落成する。内部に両界曼荼羅、真言八祖像を描き、彩色をもって装飾する。
一〇八五	応徳　二	二月、白河上皇、中宮賢子のため上醍醐に円光院を建立する。
一〇八八	寛治　二	十一月、上醍醐清滝宮鎮座。
一〇九七	永長　二	四月、下醍醐清滝宮鎮座。
一一一二	天永　三	三月、下醍醐にて清滝会を行なう。
一一一五	永久　三	座主勝覚、灌頂院（三宝院）を建立。賢覚は理性院、聖賢は金剛王院を建立、醍醐三流とする。
一一二一	保安　二	上醍醐薬師堂再建、准胝堂に仮安置の薬師仏を薬師堂に遷す。
一一五二	仁平　二	十一月、禅那院珍海入寂する。
一一九二	建久　三	快慶、弥勒菩薩坐像を造立する。
一一九五	六	十一月、東大寺重源、宋版一切経六千余巻を上醍醐に施入し、経蔵を建立する。
一二八二	弘安　五	九月、阿闍梨信海、不動明王を書写する。
一二九五	永仁　三	衆徒の争乱により、釈迦堂（金堂）を焼失する。
一三三六	延元　一	七月、今川・武田の軍勢、醍醐を攻略する。山内の閻魔堂、遍智院以下諸院兵火を罹る。
一三三九	四	六月、後醍醐天皇、座主文観（弘真）のために天長印信を書写する。
一三五七	延文　二	八月、足利尊氏、三宝院賢俊のため、七七日忌にあたり「理趣経」を書写する。
一四一〇	応永一七	上醍醐清滝宮焼失する。
一四三五	永享　七	三代将軍足利義満の猶子で第七十三世座主の満済准后入寂する。
一四七〇	文明　二	七月、大内の兵、醍醐を攻略し、山内堂舎、金堂、法華三昧堂、清涼堂、御影堂、清滝宮、長尾宮、灌頂院（三宝院）、金剛輪院、金剛王院、報恩院、理性院以下諸院悉く灰燼に帰す。五重塔のみ壊滅を免れる。
一五四〇	天文　九	六月、後奈良天皇、般若心経一巻を書写し、座主義堯をして疫病平癒を祈らせる。

一五九七	慶長	二	四月、豊臣秀吉、五重塔修理料一千五百石を寄進し、応其をして修理に当らせる。
一五九八		三	二月、秀吉、山内に花見の準備を命じ、仁王門の修理、女人堂から槍山までの間に殿舎八宇を建築および境内に桜樹七百本を移植させる。ついで三宝院殿舎、庭園の造築を命ずる。またこの月、境内に岳西院・光台院・金蓮院・成身院・西往院・阿弥陀院の六坊の再興を命ずる。三月十五日、秀吉、秀頼、北政所、淀殿ら一族と共に花見を行なう。座主義演、当日の詠歌の短冊をもって末代の重宝とする。四月、応其、紀州湯浅の満願寺本堂を毀ちて本寺の本堂とする。三宝院の泉水を改廃し、新たに藤戸石を主人石として築庭をなし、竹田梅松軒をして工事に当らせる。八月、秀吉薨ず。(三宝院庭園大略成る)
一六〇〇		五	五月、下醍醐金堂成る。
一六〇八		一三	秀頼、上醍醐如意輪堂、五大堂、御影堂を再建する。
一六一三		一八	江戸幕府、三宝院に属する修験（山伏）を当山派と称することを許可する。
一六二〇	元和	六	義演の『醍醐寺新要録』ほぼ成る。
一六二五	寛永	二	六月、弘法大師真筆狸毛筆奉献表を後水尾天皇の叡覧に供し、うち二行を献上する。
一六二六		三	四月、第八十世座主義演准后入寂する。

一七〇七	宝永	四	正月、聖宝に「理源大師」の諡号を賜う。
一七七一	明和	八	五重塔解体修理完成する
一八七二	明治	五	三月、神社仏閣の女人結界を廃止する。修験宗廃止、当山派は従来の所轄のまま真言宗に帰入させられる。
一九〇八		四一	五月、醍醐三宝院に於いて理源大師一千年御遠忌法要を厳修する。
一九三〇	昭和	五	醍醐天皇一千年御遠忌法要厳修、霊宝館を建設する。
一九三五		一〇	四月、醍醐寺霊宝館を開館する。
一九四〇		一五	上醍醐五大堂再建する。
一九五四		二九	四月、国宝五重塔解体修理始まる。昭和三十四年竣工。
一九六四		三九	八月、上醍醐国宝薬師堂、重文開山堂・如意輪堂修復落慶する。
一九六八		四三	五月、上醍醐准胝堂再建落慶法要厳修する。
一九八〇		五五	九月、勅願聖主醍醐天皇一千五十年御遠忌法要厳修する。上醍醐国宝薬師堂・清滝宮拝殿、重文開山堂修復落慶する。
一九九四	平成	六	ユネスコ世界文化遺産に「古都京都の文化財」として登録される。
一九九八		一〇	十月、太閤秀吉四百年御遠忌法要厳修する。

●年中行事

1月6日	■初聖宝会	上醍醐開山堂
2月23日	■五大力尊仁王会（五大力さん）	醍醐寺金堂
3月下旬～5月上旬	■霊宝館春期特別展	
4月1日	■大般若転読法要	
第2日曜日	■豊太閤花見行列	下醍醐
15日	■恵印法要	醍醐寺金堂
	■大蔵流奉納狂言	清滝宮拝殿
5月18日前後3日間	■西国第十一番札所本尊御開扉法要	上醍醐准胝堂
6月6日～9日	■三宝院門跡大峯山花供入峰	大峯山道場
15日	■宗祖弘法大師降誕会法要	醍醐寺祖師堂
8月5日	■万灯供養会法要	下醍醐
	■精霊供養大般若転読法要	上醍醐如意輪堂
6日	■開山忌	上醍醐開山堂
10月1日～12月上旬	■霊宝館秋期特別展	

日程は、変更されることもあるので事前にご確認を。

◆逸聞 醍醐寺

町石のいわれ

下醍醐の女人堂から西国三十三カ所霊場第十一番札所の准胝堂がある上醍醐への参道に、町石《ちょうせき》と呼ばれる石標が立っている。表面に仏を表わす梵字を記し、その下に町数を刻むこの町石は鎌倉時代に建立され、江戸時代に補修されたものもある。

上醍醐への参道と町石

町石は、登り口から頂上の御堂までの道を三十六にわけて、最後の目的地である御堂に三十七番目の町石を建てるが、これは大日如来を中心とした金剛界三十七尊の数によっており、最終に大日如来に到達するというかたちがとられているといわれる。

［アクセス Map］

交通メモ

■ JR山科駅前から京阪バスで約20分、醍醐寺三宝院下車すぐ。

■ JR山科駅前から市営地下鉄東西線に乗り換えて醍醐駅下車、徒歩で13分。

■ JR京都駅から市営地下鉄烏丸線烏丸御池駅下車、市営地下鉄東西線に乗り換えて醍醐駅下車、徒歩で13分。

■ JR・京阪六地蔵駅から京阪バスで、醍醐寺三宝院下車すぐ。

■ 下醍醐から上醍醐まで徒歩で約1時間10分（車両の乗入不可）。
※急な坂道や石段があるため、動きやすい靴、服装が良い。

■ 駐車場は、霊宝館の南西にあり。

（掲載の情報は2006年11月現在のものです）

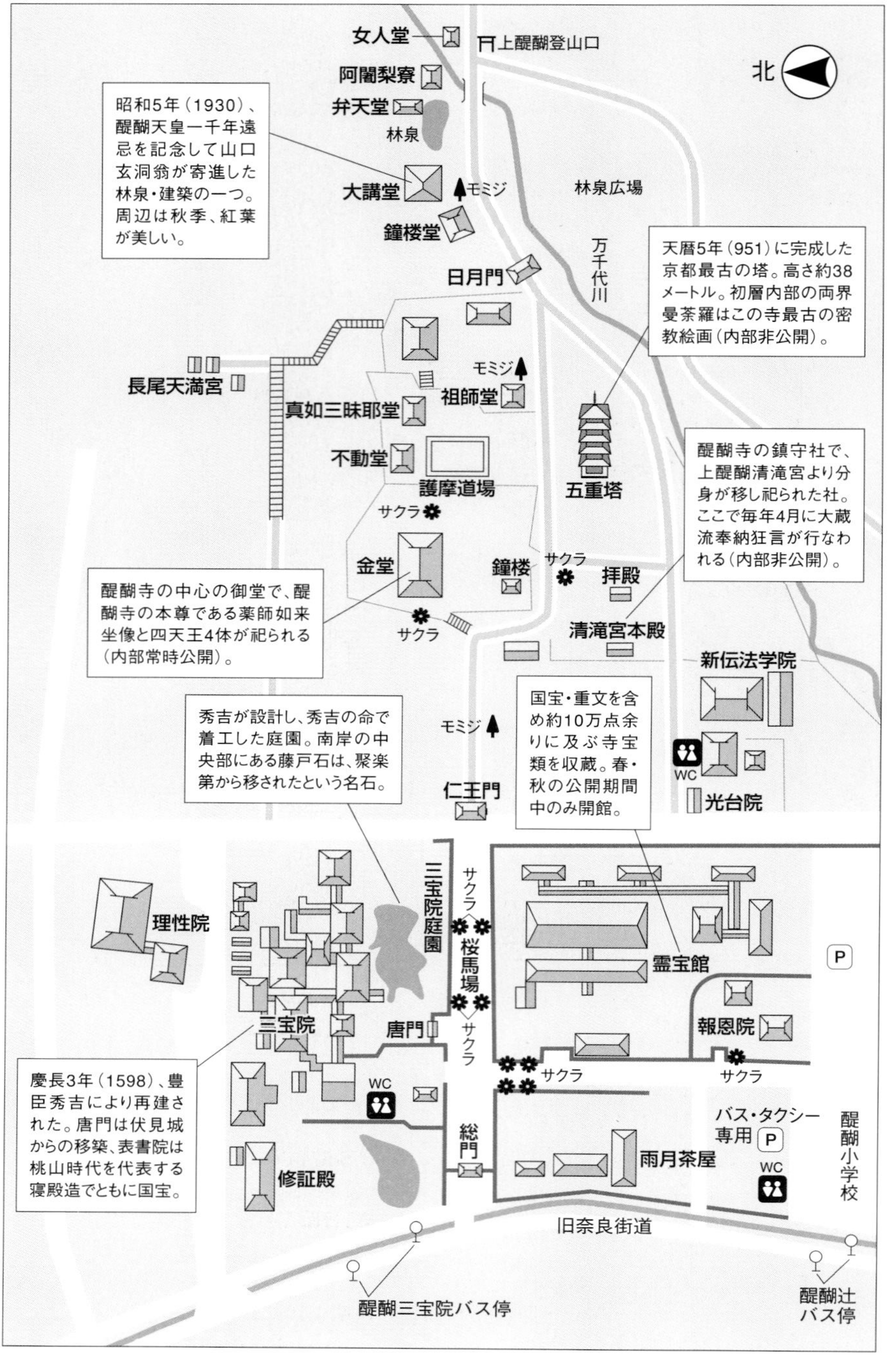
女人堂
上醍醐登山口
阿闍梨寮
弁天堂
林泉
北
昭和5年（1930）、醍醐天皇一千年遠忌を記念して山口玄洞翁が寄進した林泉・建築の一つ。周辺は秋季、紅葉が美しい。
大講堂
モミジ
林泉広場
鐘楼堂
万千代川
天暦5年（951）に完成した京都最古の塔。高さ約38メートル。初層内部の両界曼荼羅はこの寺最古の密教絵画（内部非公開）。
日月門
モミジ
長尾天満宮
祖師堂
真如三昧耶堂
不動堂
護摩道場
五重塔
醍醐寺の鎮守社で、上醍醐清滝宮より分身が移し祀られた社。ここで毎年4月に大蔵流奉納狂言が行なわれる（内部非公開）。
サクラ
金堂
鐘楼
サクラ
拝殿
醍醐寺の中心の御堂で、醍醐寺の本尊である薬師如来坐像と四天王4体が祀られる（内部常時公開）。
サクラ
清滝宮本殿
新伝法学院
秀吉が設計し、秀吉の命で着工した庭園。南岸の中央部にある藤戸石は、聚楽第から移されたという名石。
モミジ
国宝・重文を含め約10万点余りに及ぶ寺宝類を収蔵。春・秋の公開期間中のみ開館。
WC
仁王門
光台院
三宝院庭園
サクラ
理性院
桜馬場
霊宝館
P
サクラ
三宝院
唐門
報恩院
サクラ
サクラ
慶長3年（1598）、豊臣秀吉により再建された。唐門は伏見城からの移築、表書院は桃山時代を代表する寝殿造でともに国宝。
WC
総門
バス・タクシー専用
P
醍醐小学校
修証殿
雨月茶屋
WC
旧奈良街道
醍醐三宝院バス停
醍醐辻バス停

［醍醐寺 境内図］上醍醐

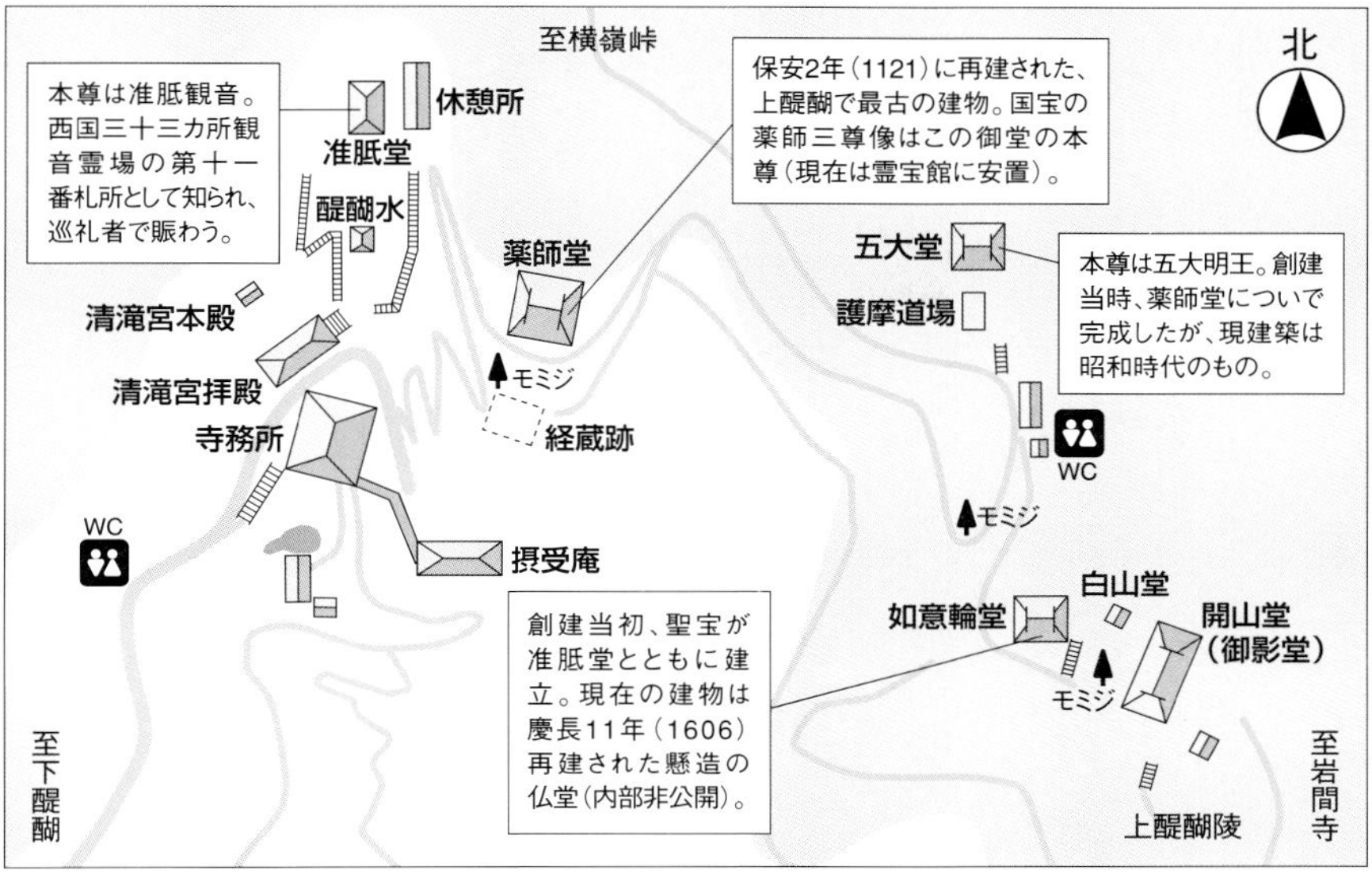

［三宝院 境内図］

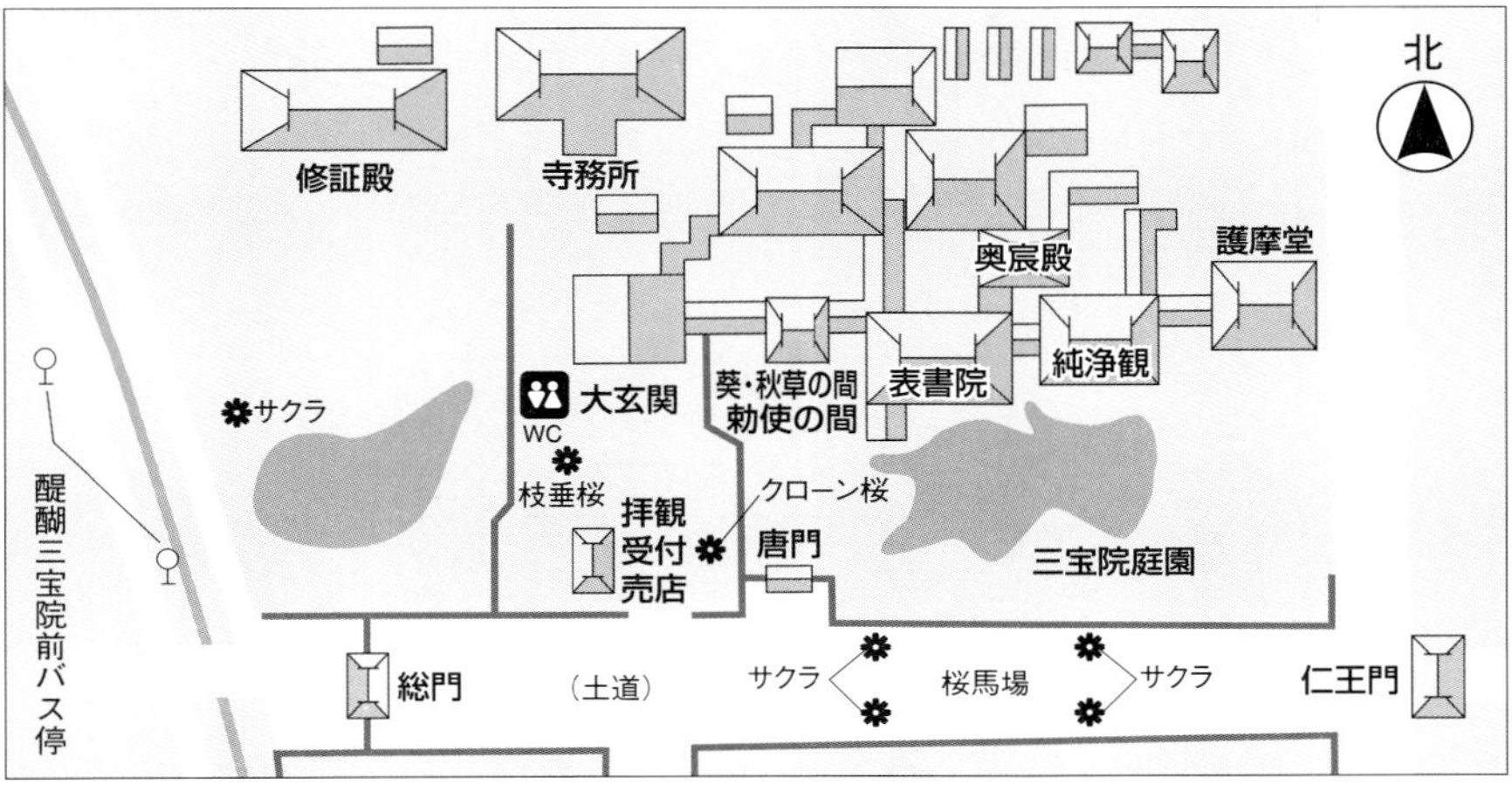

真言宗醍醐派総本山　醍醐寺

世界文化遺産　西国三十三カ所観音霊場第十一番札所

〒601-1325　京都市伏見区醍醐東大路町22　TEL 075-571-0002

〔三宝院・伽藍（金堂・五重塔等）〕

開門時間　3月～12月第1日曜日：9時～17時、12月第1日曜日翌日～2月末日：9時～16時

拝観料　三宝院・伽藍 各600円

〔霊宝館〕

開館期間　春期：3月第3土曜日～5月第2日曜日、秋期：10月1日～12月第1日曜日

拝観時間　9時～17時　拝観料　600円　※いずれも閉門30分前で受付終了

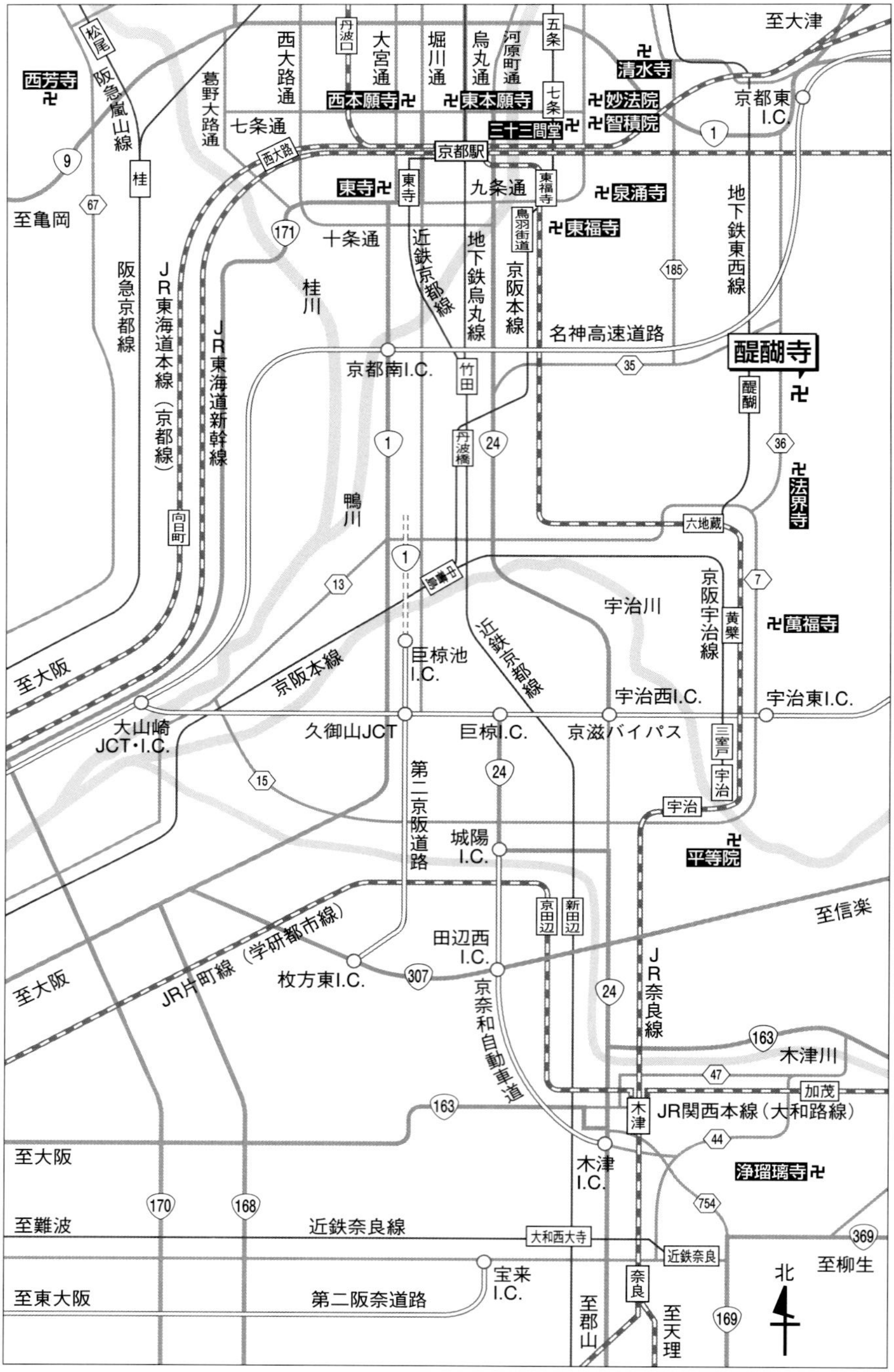
至大津
清水寺
京都東I.C.
妙法院
智積院
三十三間堂
西芳寺
松尾
阪急嵐山線
葛野大路通
西大路通
丹波口
大宮通
堀川通
烏丸通
河原町通
五条
七条
西本願寺
東本願寺
七条通
西大路
京都駅
1
9
桂
67
至亀岡
東寺
東寺
九条通
東福寺
泉涌寺
東福寺
鳥羽街道
171
十条通
近鉄京都線
地下鉄烏丸線
京阪本線
地下鉄東西線
185
阪急京都線
JR東海道本線（京都線）
JR東海道新幹線
桂川
名神高速道路
醍醐寺
京都南I.C.
竹田
35
醍醐
1
丹波橋
24
36
法界寺
鴨川
向日町
六地蔵
1
13
7
宇治川
京阪宇治線
黄檗
萬福寺
近鉄京都線
至大阪
京阪本線
巨椋池I.C.
宇治西I.C.
宇治東I.C.
大山崎JCT・I.C.
久御山JCT
巨椋I.C.
京滋バイパス
三室戸
宇治
24
15
宇治
第二京阪道路
城陽I.C.
平等院
京田辺
新田辺
至信楽
至大阪
JR片町線（学研都市線）
田辺西I.C.
枚方東I.C.
307
京奈和自動車道
24
JR奈良線
163
木津川
47
加茂
163
木津
JR関西本線（大和路線）
44
至大阪
浄瑠璃寺
木津I.C.
170
168
754
至難波
近鉄奈良線
大和西大寺
近鉄奈良
369
至柳生
宝来I.C.
北
至東大阪
第二阪奈道路
奈良
至郡山
至天理
169

［著者略歴］

麻生《あそう》 文雄《ぶんのう》

1925年、広島県生まれ。総本山醍醐寺座主。大本山三宝院門跡、真言宗醍醐派管長。総本山醍醐寺執行長、真言宗醍醐派宗務総長を経て、1985年現職に就任。87年に種智院大学学長に就任、92年同大学名誉教授。著書に『光塵』など。

永井《ながい》 路子《みちこ》

1925年、東京都生まれ。茨城県古河市に育つ。小説家。1964年『炎環』で第52回直木賞受賞。84年、歴史小説への功績で菊池寛賞受賞。また女流文学賞、吉川英治文学賞、放送文化賞の各賞受賞。他に神奈川文化賞、鎌倉市名誉市民、茨城県特別功績章受章、古河市名誉市民、第7回和島誠一賞を受賞。主要作品は『永井路子歴史小説全集』に所収。

大隅《おおすみ》 和雄《かずお》

1932年、福岡県生まれ。東京女子大学名誉教授、醍醐寺文化財研究所長。東京大学大学院を経て、北海道大学助教授、東京女子大学教授を歴任。著書『愚管抄を読む』『中世 歴史と文学のあいだ』『日本架空・伝承人名事典』（共編）など。

村井《むらい》 康彦《やすひこ》

1930年、山口県生まれ。京都市美術館館長。京都女子大学、国際日本文化研究センター、滋賀県立大学、京都造形芸術大学で教授を歴任。著書『平安京と京都』『平安貴族の世界』『武家文化と同朋衆』『花と茶の世界』『文芸の創成と展開』『千利休』など。

蔵田《くらた》 敏明《としあき》

1954年、広島県生まれ。名古屋外国語大学教授。劇団「創作工房」主宰。また映画専門誌「浪漫工房」の編集に携わるなど、多彩な活動を続けている。著書『時代別京都を歩く』『平家物語の京都を歩く』『徒然草の京都を歩く』など多数。

白幡《しらはた》 洋三郎《ようざぶろう》

1949年、大阪府生まれ。国際日本文化研究センター教授。京都大学農学部助手、国際日本文化研究センター助教授を歴任。1994年『プラントハンター──ヨーロッパの植物熱と日本』で毎日出版文化賞奨励賞受賞、1996年には日本造園学会賞を受賞。

尼﨑《あまさき》 博正《ひろまさ》

1946年、兵庫県生まれ。京都造形芸術大学教授、日本庭園研究センター所長。農学博士。京都芸術短期大学学長、京都造形芸術大学副学長を歴任。文化庁文化審議会文化財分科会第三専門調査会名勝委員会委員などの役職を務める。著書『庭石と水の由来―日本庭園の石質と水系』ほか。

石川《いしかわ》 登志雄《としお》

1955年、茨城県生まれ。京都造形芸術大学助教授。1980年、京都大学文学部卒業。京都府教育庁指導部文化財保護課主査を経て、現職。著書『舞鶴市史』通史編（上・共著）『日本農書全書』第40巻（共著）『京都府の歴史』（共著）『上賀茂のもり・やしろ・まつり』（編集）など。

■写真協力　総本山醍醐寺　奈良国立博物館　環境事業計画研究所　便利堂写真部　中島佳彦

■装丁・デザイン　ウーム総合企画事務所

新版 古寺巡礼 京都 6

醍醐寺

平成19年2月11日　初版発行

著　者　麻生文雄・永井路子

発行者　納屋嘉人

発行所　株式会社　淡交社

本　社　京都市北区堀川通鞍馬口上ル

営業（075）432-5151

編集（075）432-5161

支　社　東京都新宿区市谷柳町39-1

営業（03）5269-7941

編集（03）5269-1691

http://www.tankosha.co.jp

印　刷　大日本印刷株式会社

製　本　株式会社オービービー

ISBN978-4-473-03356-7

落丁・乱丁本がございましたら、小社「出版営業部」宛にお送りください。
送料小社負担にてお取り替えいたします。